한국의 종교

# 불교

한국의 종교

# 불교

최준식 지음

## 우리 문화의 뿌리를 찾아서를 펴내며

한국의 전통 문화를 세계화하고자 하는 의도에서 기획된 '우리 문화의 뿌리를 찾아서' 시리즈는 우리 문화의 독특함과 보편성을 다양한 분야에서 연구한 성과들을 국내외에 소개함으로써 세계 속에서 한국 문화의 위상과 학문적 경쟁력을 높이는 데에 그 목적이 있다.

한글과 영어로 발간되는 이 시리즈는 지나치게 학술적인 경향이나 단순한 안내서의 수준을 지양하고 한국의 전통 문화를 이루는 근간을 다양한 사진 자료를 통해 세부적으로 집중 조명해 봄으로써 우리 문화를 폭넓고 깊이 있게 이해할 수 있도록 하는 데에 그 특징이 있다.

이 시리즈는 또한 현대 문명이 유발한 문제점들을 치유하는 대안이 한국의 전통 문화의 본질 속에 들어 있다는 것을 깨닫게 함으로써 세계인들이 한국 문화의 우수성을 올바로 이해하는 데에 크게 기여할 것이다.

2007년 4월

이화여자대학교출판부

일주문 앞길 부석사, 이창호 사진

에피소드

# 불교는 한국인에게 어떤 종교일까?

오늘은 하람이가 프랑스 친구 소피를 데리고 산사 체험(템플 스테이)을 가는 날이다. 소피는 동양 종교에 관심이 많았기 때문에 한국에 오면 절에 꼭 가고 싶다고 했다. 그런 소피를 위해 하람이는 별 생각 없이 요즘 외국인들 사이에서 꽤 인기가 있다는 템플 스테이를 신청해 놓았다. 절은 꽤 멀었다. 두 사람은 절 앞에서 걸어 올라가기 시작했다. 여느 절과 마찬가지로 절 어귀에는 일주문이 있었다. 모든 것이 신기했던 소피는 일주문을 보자마자 물었다.

"하람! 저게 뭐지?"

"응, 저건 일주문이라는 건데 그냥 절 입구라는 것을 나타내기 위해 만들어 놓은 문이야."

"그래? 근데 신기하게도 기둥이 하나밖에 없네? 저런 문은 처음 본다. 왜 기둥이 하나밖에 없는 문을 절 맨 앞에 세워놓는 거지?"

"글쎄, 절에 많이 와봤지만 그런 건 한번도 생각 안 해봤네. 내가 나중에 알려줄게."

하람은 성급하게 소피의 말을 막고 길을 재촉했다. 그러나 소피의 질문은 그것이 시작에 불과했다. 소피는 사천왕문 안에 모셔져 있는 사천왕에 대해서도 물었지만 하람은 그저 불교를 수호하는 신령들이라고만 대답하고 대충 넘겼다. 이해하기 힘들면 부처님 보디가드쯤으로 생각하면 된다는 친절한 설명과 함께.

이제 둘은 대웅전 영역 앞까지 왔다. 거기에는 불이문(不二門)이라고 쓰여 있는 문이 있었다. 소피는 문마다 이름이 있는 것을 신기해하며 이번에도 그냥 지나치지 않았다.

"이 문은 절의 마당으로 들어가는 중요한 문 같은데 저기 현판에 쓰여 있는 글이 무슨 뜻인지 말해줄 수 있어?"

"엉? 난 한자는 잘 모르는데 저건 쉬워서 나도 알겠다. '불이문'이라고 쓰여 있는 것 같은데 뜻은 잘 모르겠네. 요즘 나 같은 젊은애들은 한자보다는 영어에 온통 빠져 있어서 간단한 한자라도 잘 몰라. 근데 소피야, 너는 내가 모르는 것만 질문하는 것 같은데."

"앗! 저건 뭐야? 돌로 집처럼 만들어 놓은 것 말이야."

소피가 조금도 쉬지 않고 하람에게 또 물었다.

"응, 저건 탑이라고 하는 건데 절의 본당 앞에는 탑이 있는 경우가 많지. 그런데 왜 절 마당에다가 돌탑을 세우는지 그건 잘 모르겠어."

계속되는 하람이의 '모르쇠'에 소피는 다소 실망하는 눈치였다. 마당에 들어선 두 사람은 으레 하던 식대로 법당 안으로 들어갔다. 법당 안에는 몇 사람의 불교도들이 절을 하고 있었다. 법당 안을 둘러보더니 소피는 이내 질문을 던진다.

"하람아, 저기 모셔져 있는 게 불상인 건 알겠는데 보니까 어떤 불상은 머리에 아무것도 없고 어떤 불상은 모자(관)를 썼네? 그 차이가 뭐야?"

"어엉? 그건……."

하람이 설명하려 했지만 또 머리를 얻어맞은 것처럼 얼떨떨하기만

했다. 아무리 머리를 짜내도 아는 바가 없었기 때문이다. 소피는 거기에서 멈추지 않았다.

"그리고 저 가운데 있는 불상은 왜 손을 저렇게 하고 있는 거야? 보통 명상을 하는 사람들이 손을 모아서 배 앞에 놓는 것은 나도 알지만 왜 한 손은 무릎 위에 놓았대? 아무 뜻이 없이 저렇게 표현하지는 않았을 것 같은데……."

하람은 그제야 자기가 불교에 대해서 아는 것이 하나도 없다는 것을 알게 되었다. 어릴 때부터 아빠를 따라 절에 꽤 다녀봤고 오늘 소피가 지적하는 것들을 숱하게 보아왔지만 소피의 질문에 제대로 대답할 수 있는 것은 하나도 없었다.

"자세한 건 이번 프로그램이 시작되면 스님들한테 물어봐. 그분들은 전문가니까 대답을 잘 해줄 거야"라고 얼버무리면서 하람은 그 곤경을 빠져나왔다.

집으로 돌아오는 길에 하람은 '한국인인 내가 이렇게 절에 대해서 모르고 있었구나' 하는 탄식이 절로 나왔다. 그리고 지금이라도 늦지 않았으니 우리의 불교 문화에 대해 공부를 해야겠다는 강한 원을 세웠다.

이 책은 바로 그런 사람들을 위해 쓰여진 책이다.

지은이

차례

한국의 종교

# 불교

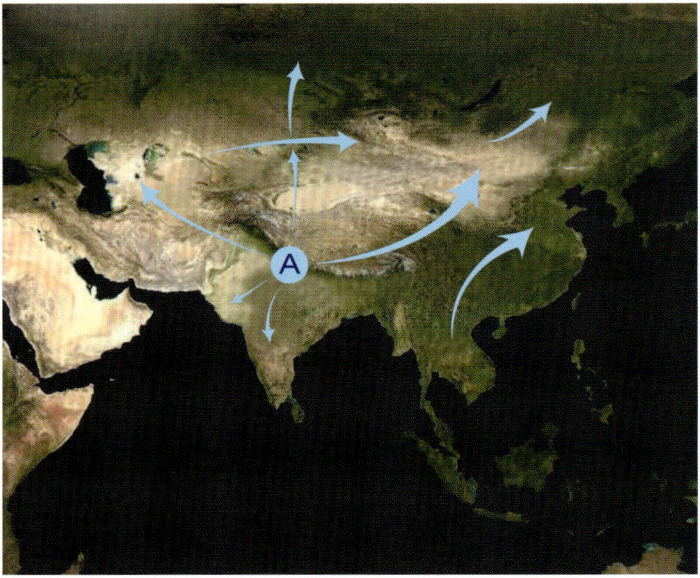


불교 전파도

# 불교는 어떤 종교였고 지금은 어떤 상황일까?
## - 불교의 과거와 현재

### 불교의 과거-동양은 불교다!

이 제목은 다소 도발적이다. 동양이 바로 불교라니. 이 제목은 불교를 모르면 동양, 특히 동아시아는 알 수 없다는 생각으로 지어본 것이다. 좀더 확대해서 말하면 불교는 동아시아의 보편 사상이었다고 해도 그리 틀린 말은 아닐 것 같다. 이것은 그동안의 불교 발달사를 보면 알 수 있다. 불교는 탄생한 이래 지금의 이란이나 아프가니스탄 지역에서부터 동쪽으로 전 아시아를 불교 국가로 만든 화려한 전력이 있다(필리핀은 제외). 그리고 중국이 공산주의를 받아들이기 전까지 불교는 누가 뭐래도 세계에서 신자가 제일 많은 종교였다. 거의 모든 중국인이 불교 신자였기 때문에 그것을 합하면 불교는 자연히 세계에서 가장 큰 종교가 되었던 것이다. 동남아시아도 지금은 몇몇 나라에 이슬람교가 들어와 있지만 이전에는 모두 불교의 영향권 안에 있었다. 태국 · 미얀마 · 라오스 · 캄보디아 등과 같은 동남아시아 국가들에서 불교가 국교처럼 되어 있는 것은 잘 알려진 사실이다.

지금은 전형적인 이슬람 국가가 되었지만 중앙아시아의 아프가니스탄과 같은 국가는 인도의 불교가 중국으로 전파되는 길목에서 결정적인 역할을 하면서 불교가 한동안 융성하던 나라였다. 아프가니스탄의 수도인 카불 근처에 있는 페샤와르는 특히 중요한 역할을 했다. 그리고 20세기 비극 중에 하나로 꼽히는 사건으로 탈레반 정권이 자행한 세계 최대의 불상 파괴 역시 그 근처에 있는 바미안이란 도시에서 일어난 일이었다. 바미안에 세계에서 제일 큰 불상이 있었다는 것은 이 지역에 불교가 얼마나 융성했는가를 보여준다.

티베트의 경우는 더 극적이다. 이 나라에는 원래 문자가 없었다. 그런데 중국으로부터 불교를 받아들인 후 수준 높은 교리에 반한 나머지 부처님 말씀을 보존하겠다는 서원을 세운다. 그 결과 나온 게 티베트 문자이다. 불교 경전을 티베트어로 기록하기 위해 문자를 만든 것이다. 이것이 지금 서양에서 불교 종파 가운데에 선불교와 더불어 가장 인기가 있는 티베트 불교이다. 티베트 불교는 대승과 소승(장로 불교)[1]에 이어 제3의 승(乘, vehicle)으로 간주되는데 보통은 금강승(金剛乘)이라 칭해진다. 이 말은 티베트 불교가 앞의 대소승(大小乘)을 다 뛰어넘을 수 있다는 의미에서 나온 것이다. 금속 가운데 금강, 즉 다이아몬드를 이길 수 있는 금속은 없기 때문이다.

중국의 경우, 흔히들 중국의 종교를 유 · 불 · 선이라고 하는 데에서도 알 수 있는 것처럼 불교는 외래 종교임에도 불구하고 중국 전통 안에 마치 고유의 전통처럼 들어가 있다.[2] 사실 이것은 매우 놀라운 일

1. 사실 남방 불교를 소승, 즉 '작은 수레'라고 부르는 것은 온당치 못하다. 대승이라고 하는 북방 불교의 관점만 반영됐기 때문이다. 그런 까닭에 세계 종교학계에서 칭하는 것처럼 소승 불교 대신에 '장로(長老) 불교' 혹은 '상좌(上座) 불교'라고 부르는 게 옳다.
2. 흔히들 한국의 종교 전통이 유 · 불 · 선이라고 하는데 이것은 명백히 잘못된 것이다. 한국의 종교 전통은 무 · 불 · 유(巫 · 佛 · 儒) 혹은 무 · 유 · 불(巫 · 儒 · 佛)이지 유 · 불 · 선일 수 없다. 도교는 한국에 정착된 적이 없기 때문이다.

인데도 우리가 평소에 간과하고 있던 사실이다. 불교가 중국 문화에서 얼마나 중요한 위치를 차지하고 있는가에 대해서는 다른 말이 필요 없다. 중국에 들어온 외래 사상 가운데 중국인들이 유일하게 받아들인 사상이 불교였다는 것만 알면 되기 때문이다. 중국인들은 자신들의 문화에 대해서 워낙 강한 자부심을 갖고 있어 그것이 종교이든 이념이든 외국에서 들어온 것을 전적으로 받아들인 적이 거의 없다. 그런데 그 유일한 예외가 불교라는 것이다.

불교를 받아들일 때에 중국인들은 불교의 교리를 받아들이기에 급급했다. 중국인들이 상상도 못했던 엄청난 세계관에서부터 인간의 궁극적인 문제에 대한 철저한 분석, 깊이를 알 수 없는 자비 사상 등 중국인들은 불교 앞에서 경악했다. 그리고 그렇게 받아들인 불교를 가지고 그들은 자신의 나라를 급속히 불교화시켜 나갔다.

중국이 이렇게 불교라는 외래 사상에 푹 빠져들기는 그 이전에도 이후에도 없었다. 약간의 예외라고 인정할 수 있는 게 있다면 그것은 중국인들이 현대에 들어와 공산주의를 엄청난 기세로 받아들인 것일 것이다. 그러나 공산주의도 잠시 기승을 부렸을 뿐 벌써 빠른 속도로 대륙에서 사라지고 있지 않은가? 이 사태에 대해서 이미 등소평은 "공산주의란 중국이란 거대한 통에 뿌려진 잉크 방울에 불과하다"고 말한 것으로 알려져 있다. 그러나 불교는 달랐다. 물론 불교가 중국에 처음 소개되었을 때 갈등이 없었던 것은 아니다. 그렇지만 그 갈등은 곧 봉합됐고 중국 전체가 불교를 열광적으로 받아들여 당나라 때 극성을 부리더니 중국인들이 일을 저지르고 말았다. 인류에게 최고의 선물을 선사했기 때문이다. 그 선물이라는 게 무엇일까? 우리가 너무나 잘 알고 있는 선불교의 탄생이 그것이다.

선불교는 불교 종파 가운데 가장 중국적인 동시에 보편성이 뛰어나 위에서 말한 것처럼 오늘날 티베트 불교와 더불어 서양에서 가장 인기 있는 종파가 되었다. 선불교가 어떤 면에서 가장 중국적인가 하는 것은 단행본이 필요할 정도로 큰 주제라 여기에서 자세히 논할 수는 없다. 그러나 간단하게 본다면, 토머스 머튼(Thomas Merton) 신부가 지적한 것처럼 장자(莊子)의 진정한 계승자는 당대의 선사들이라는 주장은 탁월한 견해라 아니할 수 없다. 또 서양에 선불교를 처음으로 소개한 스즈키 다이세츠[鈴木大拙]는 선불교를 깨달음에 대한 중국적 해석이라 했는데 이것 역시 정확한 견해라 생각된다.

그러니까 선불교란 인도 사상의 정수라 할 수 있는 '대승불교'와 중국 사상의 정수라 할 수 있는 '노장사상'이 창조적으로 융합되어 탄생한 것이라는 것이다. 그러기에 대단하다는 것이다. 인류 문명을 대표하는 두 문명이 창조적으로 섞였으니 인류를 깜짝 놀라게 할 수 있는 엄청난 게 나오지 않는다면 오히려 이상한 일일 것이다. 한국 불교를 이해하려 할 때 선불교를 이해하는 것은 대단히 중요하다. 아니 선불교를 제대로 이해하지 못하면 한국 불교는 이해하지 못한다고 해도 과언이 아니다.

기실 불교는 중국에서 또 하나의 커다란 족적을 남기는데 성리학이 그것이다. 불교가 당대에 극성을 부리자 중국인들의 자존심으로서 그런 불교를 가만 둘 리가 없었다. 중국인들에게 불교는 어디까지나 '오랑캐'의 사상이었기 때문이다. 중국 사상의 핵은 누가 뭐래도 공자의 유교이다. 송대가 되자 드디어 유교의 총반격이 시작됐다. 주자가 전면에 등장하면서 성리학을 내세운 게 그것이다. 그러나 확실한 것은 성리학은 불교가 없었다면 태어날 수 없었다는 사실이다. 성리학의 근간이라 할 수 있는 이기론(理氣論)은 불교, 그중에서도 화엄 철학에 힘입은 바가 크다. 성리학은 유교가 가장 약한 부분인 형이상학적인 교리를 불교에서 차용해 원래 유교와 융합해서 멋있게 만들어낸 것이다. 대강 이렇게만 보아도 불교가 중국 사상에서 차지하는 위치를 파악할 수 있다. 중국인들이 배출해낸 종교 사상 가운데 가장 창조적인 선불교와 성리학(그리고 양명학)이 모두 불교의 심대한 영향 아래에서 생겨난 것이기 때문이다.

이 위대한 종교인 불교는 중국에만 머물지 않고 곧 중국의 이웃인 한국과 일본으로 전파되었다. 일본의 사상이나 문화재들 가운데 불교적인 것이 대부분을 차지하고 있다는 것은 주지의 사실이다. 이것은 어쩌면 당연한 일인지도 모른다. 일본 고대 문화의 기틀을 만든 성덕태자가 한반도로부터 들어온 불교 승려들의 지도하에 작업을 수행했다는 것은 그 뒤에 나오는 일본 문화가 불교적인 색채를 띨 것이라는 예측을 가능하게 해준다. 당시의 이러한 모습은 지금도 일본 나라에 있는 법륭사의 백제관음[百濟觀音, 쿠다라 칸논] 같은 불교의 성상물(聖像物)들을 통해 알 수 있다.

일본에서는 이 뒤로도 불교 문화가 지속적으로 발전하여 나름대로 매우 뛰어난 불교 문화가 만개를 이룬다. 나는 일본에서 이렇게 불교 문화가 만개된 곳을 지역적으로는 어떤 곳보다도 교토를 꼽고 싶다. 교토는 나라와 함께 세계 최고의 불교 문화재로 휩싸인 도시라고 할 수 있을 정도로 온 도시가 불교물로 가득 차 있다. 이 때문에 나는 교토를 전통 문화적 관점에서 볼 때 세계에서 가장 아름다운 도시 중에 하나로 생각한다. 말할 수 없이 아름다운 절과 세계 최고 수준의 조경을 자랑하는 절 안의 정원, 세계에서 가장 아름다운 불상 중에 하나인

**금동미륵반가사유상** 삼국시대, 국보 제78호, 국립중앙박물관

광륭사의 미륵반가사유상 등 일본 최고의 문화재들이 즐비한 곳이 바로 교토이고 이것들은 대부분 불교와 관계된 것들이다. 그래서 과연 일본에 불교가 소개되지 않았다면 일본이 오늘날과 같은 세계 최고 수준의 문화를 발전시킬 수 있었을까 하는 자문(自問)도 가능할 것 같다.

일본에는 불교와 관련해서 이렇게 세계적인 수준의 문화재만 있는 게 아니다. 일본이 배출한 세계적인 사상가들의 면모를 보면 이들 역시 불교와 연결되어 있지 않은 사람이 거의 없다. 그중에 가장 대표적인 사상가를 꼽으라면 일본 조동종(曹洞宗, 소토슈)을 창립한 도원(道元, 도겐)선사를 들 수 있다. 그의 대표 저술이 이미 대부분 영역되고 전 세계 불교학자들로부터 제일급 사상가로 인정받고 있는 도원은 아마도 일본이 배출한 사상가 가운데 가장 창조적인 사상가로 기억될 것이다.

그 외에도 일본 정토교의 기초를 세워 일본의 마르틴 루터라고 불리는 친란(親鸞, 신란)을 들 수 있다. 친란이 세운 정토교는 보통 정토진종(淨土眞宗, 조도신슈)이라 불리는데 여느 불교 종파와는 달리 타력을 가장 중시하는 것으로 유명하다. 이 종파의 교리에 따르면 우리의 힘으로는 성불할 수 없고 반드시 부처 가운데 하나인 아미타불의 힘에 전적으로 의지해야 한다. 20세기 개신교 신학의 거장이었던 칼 바르트(Karl Barth)가 이 종파를 접하고 교리가 기독교와 너무 비슷한 데에 크게 놀랐다는 뒷이야기가 전해진다.

마지막으로 거론하고 싶은 사상가는 대단히 독특한 불교 종파를 세운 일련(日蓮, 니치렌)이다. 그는 불교의 최고 진리는 법화경에만 있다고 주장하고 선종이나 정토종 등을 모두 이단시했다. 그렇게 만든 게 일련종인데 그는 교리를 아주 단순하게 만들어서 그저 "나무묘법연화경(법화경에 의지합니다)"만 외우면 구원성불이 가능하다고 주장했다. 이런 식의 불교는 근대 일본 불교에도 강한 영향을 끼쳤다. 지금 일본에서 신종교로서 첫 번째와 두 번째의 위치에 있는 창가학회(創價學會, 쇼카 각카이)나 입정교성회(立正佼成會, 리쇼 코세이카이)는 일련종과 비슷한 노선을 걷고 있는데 이것을 통해 일련종의 영향력이 얼마나 큰지 알 수 있다.

일본 사상의 창의력은 과거에만 그치는 것이 아니다. 일본이 전 세계에 소개한 최고급 사상은 말할 것도 없이 선불교이다. 선불교는 비록 중국에서 만들어졌지만 이것을 서양에 소개해서 돌풍을 일으킨 사람은 잘 알려져 있는 것처럼 스즈키 다이세츠이다. 일본이 선을 서양에 먼저 소개함으로써 원래 중국 발음인 '챤'이 아니라 일본 발음인 '젠'으로 불리게 되고 심지어 많은 서양인들이 선은 일본에서 만들어진 것이라는 생각마저 갖게 되는 사태가 발생했다.

현대 일본 사상의 약진은 예서 끝나지 않았다. 서양 철학이나 기독교와 같이 새로운 종교 사상의 도전을 받은 일본의 지식인들은 자신들의 전래 사상인 불교의 관점에서 이 서양 사조들을 재해석함으로써 또 다른 차원의 창조적인 사상적 도약을 한다. 이러한 시도가 결실을 맺은 게 바로 교토학파(Kyoto School)이다. 이 학파의 대표적인 학자로는 니시다 기타로[西田幾多郎]나 니시타니 케이치[西谷啓治]를 들 수 있는데 이들은 자신의 사상적 뿌리를 불교에 두었다. 이들은 서양 철학을 그대로 답습한 것이 아니라 자신들이 견지하고 있는 불교적 입장에서 재해석해서 다른 차원의 사상을 전개한 것으로 유명하다.[3]

이렇게 보면 일본의 사상적 발전은 불교와 불가분의 관계에 있음을

3. 이에 대한 자세한 내용은 니시타니 케이이치(1993), 『종교란 무엇인가(*Religion and Nothingness*)』(정병조 역, 대원정사)를 참조할 것.

알 수 있다.

아주 간단하게 본 것이지만 이 정도만 살펴보아도 불교가 중국을 비롯해 한국과 일본에 끼친 영향이 대단하다는 것을 알 수 있을 것이다. 한마디로 말해 물질적으로든 사상적으로든 불교가 없는 동북아 삼국은 생각할 수 없다. 사실 우리는 동남아시아 불교에 대해서는 전혀 언급하지 못했다. 이것은 한국에서 남방 불교에 대한 연구가 충분하게 되어 있지 못한 탓이 크다. 그러나 지금 우리가 알고 있는 것만으로도 동남아시아 국가인 태국이나 베트남 · 라오스 · 미얀마 · 캄보디아 등지에서 불교가 얼마나 큰 비중을 차지하고 있었는가는 쉽게 알 수 있을 것 같다. 굳이 캄보디아의 앙코르와트 같은 유적을 언급하지 않더라도 이들 국가에 사는 사람들에게 불교는 삶 그 자체라고 할 정도로 깊게 뿌리내려 있다. 뿐만 아니라 지금은 이슬람 국가가 된 인도네시아 같은 국가들도 한때는 불교가 극성을 이루고 있었다는 것을 유적을 통해 알 수 있다. 이를 입증할 수 있는 유적으로 우리는 인도네시아 자바에 있는 보로부두루 같은 불교 유적을 들 수 있을 것이다. 이 유적을 통해 우리는 지금은 전형적인 이슬람 국가로 되어 있는 인도네시아에서도 불교가 한때는 융성했다는 것을 알 수 있다.

충분한 설명은 아니지만 이 정도의 설명이면 앞에서 '동양은 불교다!' 라고 한 의미가 대체로 이해되었을 것 같다. 불교가 없는 동양은 생각할 수 없다는 의미로 그렇게 말한 것이다. 그런데 불교는 결코 이렇게 과거에만 머무르고 있는 종교가 아니다. 이것은 불교가 서양으로 넘어간 사건을 말한다. 이 사건은 아직도 제대로 평가되고 있지 않지만 인류 역사상 엄청나게 대단한 사건이다. 이제부터 이 주제에 대해 보기로 한다.

## 불교의 현재-서양으로 넘어간 불교 : 동서 문화 융합의 주역

20세기를 대표하는 역사학자 중에 아놀드 토인비(Arnold Toynbee)라는 영국학자가 있다. 그는 말하길 20세기 동안 생긴 일 가운데 가장 의미 있는 일을 꼽으라면 자기는 과학 기술의 발달이나 공산주의가 생겨난 것 등과 같은 정치적 사건보다 불교가 서양으로 건너간 문명사적 사건을 들고 싶다고 했다. 왜 토인비 같은 최고의 학자가 불교가 서양으로 건너간 사건을 20세기에 일어난 사건 가운데 가장 중요한 것으로 보았을까?

불교가 서양으로 건너갔다는 것은 문명사적인 맥락에서 볼 때 무엇을 상징하는 것일까? 앞에서 본 것처럼 불교는 그저 동양에 있었던 많은 종교 가운데 하나에 그치는 것이 아니다. 불교는 동양에 존재했던 모든 문명의 결합체 혹은 복합체라고 할 수 있다. "불교는 동양이다"라고 주장한 것은 그런 맥락에서이다. 그런 불교가 서양으로 건너가서 기독교 문명과 만났다. 이것은 또 무엇을 말함인가? 이것은 드디어 동양과 서양이 깊은 수준에서 서로 만났다는 것을 의미하는 것이 아닐까? 물론 세계의 대종교 가운데에는 이슬람교도 있지만 이슬람은 태생적으로 기독교와 같은 뿌리이니[4] 기독교와 같은 선상에서 생각해도 되겠다(이 의견에 대해 이슬람 쪽에서 반발이 있을 수도 있다). 현재의 관점에서 볼 때 사상적으로 세계의 주역은 서양(구미)과

4. 이 까닭에 이슬람과 유대교, 그리고 기독교는 셈족의 종교(Semitic Religions)라고 하고 혹은 같이 아브라함을 조상으로 모신다는 의미에서 아브라함의 종교(Abrahamic Religions)라고 부른다.

5. 서양의 불교에 관한 정보는 오강남 교수의 책 『불교, 이웃 종교로 읽다』(현암사, 2006)의 제4장

동양(인도와 중국)이라 할 수 있다.

그런데 불교가 서양으로 건너가면서 인류의 정신 세계의 핵을 이루는 두 개의 거대한 종교가 만나게 됐으니 이게 대단한 사건이라는 것이다. 이런 일은 인류가 생긴 이래로 처음 있는 일이다. 게다가 서양 세계의 주역을 이루고 있는 백인들이 누구인가? 백인들은 아시아와 비교해 볼 때 중세까지는 고전을 면치 못했지만 약 300년 전부터 과학과 산업의 발달을 이룩하면서 전 세계를 지배하게 되고 이제는 이 지구를 리드하고 있다. 그런 까닭에 그들은 자신들이 이룩해낸 문화에 대해 자긍심이 강하다. 그 자긍심이 너무 강해서 오만하게 느껴질 때도 많다. 따라서 옛적에 중국인들이 그랬듯이 그들 역시 다른 대륙에서 온 외래 사상들을 그리 흔쾌하게 받아들이지 않았다. 자기 것이 최고이고 자기들 안에 모든 게 있다고 생각하고 있으니 다른 것들은 다 자기 것만 못하게 보였을 것이다. 그런데 불교가 그 빡빡한 틈을 뚫고 들어간 것이다. 불교는 앞으로 서양인들이 거대 규모로 받아들인 최초의 외래 사조로 기억될 것이다.

지금 서양에는 수백만의 불교도들이 있다.[5] 그 정확한 수는 알 수 없지만 미국에만 해도 적어도 백만이라는 적지 않은 숫자가 불교도로 알려져 있다. 그러나 스스로 불교도라고 하지는 않지만 불교적인 세계관에 따라 수련을 하고 생활하는 사람까지 합치면 그 숫자가 훨씬 더 많이 늘어날 것으로 생각된다.[6] 여기에 유럽 불교도들도 결코 무시

「서양 불교」에 힘입은 바 크다.

6. 이렇게 백인들이 신봉하게 된 불교를 '백인 불교(white buddhism)'라 부르거나 '신불교(new buddhism)'라고 부른다. 혹은 엘리트 불교라는 다소 거부감이 드는 용어로 부르는 경우도 있다.

할 수 없다. 대표적인 분으로는 월남 출신이면서 프랑스 플럼(Plum)이라는 마을에서 수행 공동체를 이끌고 있는 틱낫한 스님을 들 수 있다. 이런 불교 공동체가 유럽 곳곳에 있으니 유럽에도 수백만의 불교 관련 인구가 살고 있다고 볼 수 있겠다. 불교가 서구에 소개되고 영향을 준 것은 물론 이보다 훨씬 오래되었다. 마테오 리치(Matteo Ricci) 같은 기독교 선교사나 아시아를 왕래하는 상인들에 의해 불교가 유럽에 소개된 후 많은 유럽의 지성인들이 불교에 매료되었다.

예를 들어 쇼펜하우어나 니체 · 바그너 등이 대표적인 경우이고 현대에 와서는 헤세 · 하이데거 · 데리다와 같은 문인이나 철학자들이 불교로부터 영향을 받는다. 미국의 경우를 보면 신비주의적인 경향을 지닌 시인을 논할 때 항상 단골로 등장하는 에머슨이나 소로 · 휘트먼 등도 불교로부터 큰 영향을 받은 것으로 보고되고 있다. 이런 식으로 불교가 알려지다가 1950년대 이후에 특히 미국에서 불교가 대중화되고 그 결과 불교는 전 북미에서 오늘날과 같은 성황을 누리게 된 것이다.

그럼 백인들은 그 많은 외래 사상 가운데 왜 불교에 대해서 유독 열성을 보이는 것일까? 여기에는 많은 추론이 있겠지만 가장 그럴듯한 것은 불교가 백인들에게 새로운 세계관으로 각광받고 있다는 것이다. 주지하다시피 백인들은 근 2천년 동안 기독교를 신봉해 왔다. 그런데 기독교는 현대에 들어와 과학적인 세계관과 충돌하기 일쑤였다. 그리고 기독교는 지금은 많이 바뀌었지만 도그마성이 강한 종교이다. 기독교는 신도들에게 이성적으로는 잘 믿기 어려운 일들-예를 들어 마리아가 남자와 한번도 성적인 관계를 갖지 않은 동정녀라는 것 등-을 믿게끔 강요했다. 게다가 기독교는 다른 종교에 대해서 매우 배타적인 태도를 취했고 남녀 문제 등에서는 여성을 억압하는 입장에 서기도 했다(물론 이런 입장들도 지금은 많이 바뀌었다). 이런 것들이 전근대 사회에서는 별 문제 없이 통했지만 현대에 들어와 경제가 놀랄 만큼 발전하고 인류의 지혜가 급성장하면서 서양인들은 이런 비이성적인 교리가 눈에 띄는 기독교를 멀리하기 시작했다. 그 결과 구미에서는 신자들의 수가 급감해 교회가 비게 되는 기독교 사상 초유의 일이 벌어졌다.

그러던 차에 이들이 불교를 접하게 된 것이다. 물론 처음에는 불교 교리의 등록상표처럼 되어 있는 무아론(無我論)이 기독교 교리와 너무 달라 불교를 이해하는 데에 문제도 있었겠지만 백인들은 천천히 불교가 가진 이성적인 교리에 매료되기 시작했다. 불교는 사람에게 어떤 교리도 일절 강요하지 않을 뿐만 아니라 세계 종교 가운데 이성적인 사고를 가장 중시하는 가르침이다. 붓다는 이성에 반하는 이야기는 전혀 하지 않은 것으로 유명하다. 붓다 당시 인도에는 주술적인 사고가 팽배했다. 그는 힌두교에서 주장하는 것처럼 희생이나 기도를 통해 신(브라만)에게서 도움을 받을 수 있다는 따위의 주술적인 면을 극력 부정했다. 이것뿐만이 아니다. 심지어 불교의 등록상표처럼 되어 있는 윤회에 대해서도 붓다는 일절 말하지 않은 것으로 전해진다. 윤회에 관한 것은 우리의 평범한 지각으로는 알 수 없다. 따라서 이런 문제에 대해서는 서로가 공유할 수 있는 기반에서 논의를 전개시키는 것이 불가능하다. 이렇게 이성적인 사고를 넘어서는 주제는 같이 논의할 수 없는 까닭에 붓다가 이야기를 하지 않은 것이리라.

불교에서는 무엇을 믿으라 하지 않고 어떻게 살고 어떻게 수행하면 행복해진다고 설파한다. 더 나아가서 가르쳐 준 대로 살고 수행하다 보면 불교의 궁극적인 목표인 깨달음에 도달할 수 있다고 주장한다.

이와 같이 불교는 도그마성이 거의 없다. 불교는 사람들에게 신도가 되라고 강요하지 않는다. 불교도가 되는 것이 중요한 것이 아니라 깨달음을 얻는 게 중요하기 때문이다. 역설적인 것은 불교도가 그의 신앙을 완성시키기 위해서는 마지막에 불교까지 버려야 한다는 데에 있다. 이것이 이른바 그 유명한 뗏목의 비유이다. 붓다는 제자들에게 강을 건너가면 더 이상 뗏목이 필요 없듯이 깨달음을 얻게 되면 불법 역시 필요 없는 것이 된다고 말했다. 이것은 스스로를 부정할 수 있는 종교 최고의 경지를 설한 것이다. 불교의 이런 면들이 서양인들에게 호소력이 있었을 것이다.

게다가 불교는 세계 종교 가운데 상대적으로 볼 때 남녀 평등이 잘 구현되어 있는 종교이다(다른 종교와 비교해 볼 때 그렇다는 것이지 불교도 남녀 문제에 관한 한 문제가 있다). 세계 종교 가운데 남녀가 똑같이 사제가 될 수 있는 종교는 많지 않은데 불교는 그 선봉에 서 있다. 그리고 불교에도 승려와 신도 사이에 일정한 위계질서가 있긴 하지만 기독교에서 사제와 신도 간에 존재하는 위계질서보다는 훨씬 약하다고 할 수 있다. 기독교 같은 유신론적인 종교에서 사제란 신자들로 하여금 신께 도달할 수 있게 해주는 중개인 같은 역할을 하기 때문에 매우 중요한 존재이다. 그런데 붓다 재세시는 더 그랬지만 원시 불교에서는 원래 승려와 재가 신도들을 크게 구별하지 않았다. 다만 역할 분담의 수준에서 출가와 재가를 구분했지 거기에는 지금 보이는 것처럼 위계질서가 없었던 것이다. 서양인들은 지금 이와 같은 원시 불교의 이상을 그들의 공동체 안에서 실현하고 있다. 서양의 불교 공동체를 보면 출가한 승려와 가정이 있는 재가 신도 사이에 뚜렷한 구분이 없는 것이 특징이다. 한국에서처럼 신도가 승려에게 세 번씩이나 절해야 하는 등[7] 승려와 신도 사이에 엄격한 위계질서가 서양 불교에는 보이지 않는다는 것이다.

그리고 불교는 과거의 기독교와는 달리 배타적이지 않다(현재의 기독교는 많이 바뀌었다). 앞에서 말한 것처럼 원리적으로 볼 때 불교는 사람들이 깨달음에 가까이 갈 수만 있다면 어떤 종교를 갖든 상관하지 않는다. 서양에서는 종교 다원주의가 20세기 말에 와서 비로소 시작되지만 불교가 태동할 당시 인도에서는 이미 종교나 진리에 대해 이런 다원주의적인 태도를 취하고 있었다. 더군다나 종교가 다르다는 이유로 다른 사람을 죽인다는 것은 생각할 수 없는 일이었다. 불교도들은 자신들의 종교를 선교할 때 어떤 종교와도 충돌을 일으키지 않고 평화롭게 했다는 것에 큰 긍지를 지니고 있다.

불교가 갖고 있는 이러한 여러 긍정적인 요소가 서양인들의 관심을 불러일으켰던 것 같다. 2006년 5월 2일자 미국 로스앤젤레스 타임지의 보도에 의하면 미국에는 유대인이면서 불교적 수행을 하는 이른바 주부(Jubu)가 많이 늘고 있는데 이 숫자는 미국의 불교 신자 가운데 약 30%에 달한다고 한다.[8] '주부'란 유대인을 의미하는 주이시(Jewish)와 불교 신자를 의미하는 부디스트(Buddhist)를 합한 말이다. 이것은 매우 역설적인 현상이라고 아니할 수 없다. 왜냐하면 유일신 종교인 유대교와 그런 초월적인 존재를 부정하는 불교가 섞였기 때문이다. 이렇게 된 원인에 대해서 어떤 서양인 저자는 "불교는 인생

7. 승려에게 신도가 세 번 절하는 관습은 어디서 왔는지 확실히 모르지만 이것은 불교 교리에 위배된다고 할 수 있다. 불교도가 불상 앞에서 세 번 절하는 것은 불교에서 삼보라 불리는 불법승(佛法僧)에 각각 한 번씩 하는 것이다. 이런 시각에서 보면 '승'은 '불'과 '법'과 더불어서 한 번밖에는 절을 받을 수 없게 된다.

8. 중앙일보, 2006년 5월 4일자, 「미국 사회 '주부' 증가」 기사 참조.

외국인 스님들 만불신문 사진

의 고통을 초월하는 방법을 제시하기 때문에 호소력이 크다"고 주장한다. 서양의 불교도들 가운데에는 자신이 굳이 불교도라고 주장하지 않는 사람도 많다. 여전히 기독교적인 정체성을 지니고 있으면서 선이나 비파사나 같은 불교적 수행을 하는 것이다. 가톨릭의 신부 가운데에는 선원(禪院)을 세운 사람까지 있을 정도이다. 그렇게 해도 불교와의 관계에서는 아무 문제도 느끼지 않는다. 불교의 교리가 탄력적이고 도그마성이 적기 때문이다.

이렇게 보면 서양에서 이루어지는 불교 운동은 우리나라 같은 전통적인 불교 국가와 매우 다르게 전개되고 있음을 알 수 있다. 그리고 지금 서양에서 벌어지고 있는 불교 운동이야말로 이상적인 원시 불교의 모습을 재현하고 있는 것 같다. 붓다 재세시나 그 직후에는 불교가 이렇게 여러 면에서 민주적이고 생동감 있는 가르침이었는데 차츰 정치권과 기득권자인 승려들에 의해 이데올로기화되어 가면서 원래의 모습을 많이 잃어버리게 된다. 그런데 불교 원래의 모습이 현대의 서양에서 다시 살아나고 있는 듯한 느낌을 받는다. 한걸음 더 나아가서 앞으로 불교가 지향해야 할 모습은 바로 현대 서양의 불교와 같은 모습이어야 할 것이라는 생각도 가져본다.

불교는 이제 서서히 서양에 뿌리를 내리고 있다. 개인적인 체험이지만 1980년대에 6~7년 동안 미국에서 유학을 하면서 느꼈던 것은 어떤 외래 사조가 백인들의 세계관을 뚫고 들어가는 것은 매우 어려울 것이라는 것이다. 워낙 오랜 역사와 학문의 전통을 갖고 있어 웬만한 외래 사조로는 그 철통 같은 백인들의 세계를 비집고 들어가는 일이 쉽지 않을 것이라는 것이다. 특히 그들이 갖고 있는 합리성(rationality)의 수준은 대단한 것이라 그들은 자신들이 완전히 이해하지 않으면 그 어떤 사조도 받아들이지 않을 것처럼 보였다. 그런 그들이 불교는 대대적으로 받아들였다. 그래서 불교가 백인들이 받아들인 유일한 외래 사조라고 하는 것이다. 이 사건의 중함은 이제 불교가 서양으로 들어옴으로 해서 인류의 대표 문명들이 한데 섞이게 됐다는 데에 있다고 앞에서 이미 말했다. 이 사건을 계기로 앞으로 위대한 융합이 일어날 게다. 아니 지금 벌써 일어나고 있다. 동서양의 위대한 사상들이 실제적인 수준에서 매우 광범위하게 용광로 속에서 서로 섞이고 있는 것이다. 이 배합이 완성되면 바야흐로 인류의 문화를 대표할 만한 거대한 문화 체계가 나올지도 모르겠다(이슬람과의 문제는 아직 여전히 미해결 상태이지만).

이런 동서양을 대표하는 최고 사상의 융합 혹은 퓨전이 지구상 어딘가에서 일어난다면 그곳은 어떤 지역이 될 가능성이 높을까? 개인적인 생각이지만 그 지역은 미국이 될 가능성이 가장 높다. 지금 미국이라는 곳은 세계의 모든 것이 모여 있는 나라이다. 유럽에서 미국을 우습게 보든 않든 미국에는 없는 게 없기 때문에 종교도 전 세계에서 모든 사조가 다 들어와 있다. 그래서 그것 사이에 다양한 융합이 가능하다는 것이다. 그러면 같은 미국이라도 구체적으로 미국의 어느 지역에서 동서양 사상의 퓨전이 일어날 확률이 높을까? 이것도 개인적인 생각이지만 동부나 중부보다는 서부, 특히 캘리포니아 지방에서 이 의미 있는 일이 일어날 확률이 높을 것 같다. 캘리포니아 지방은 어떤 면에서 볼 때 미국보다 동양에 더 가깝다. 그만큼 동양인들이 많이 살고 있고 동양의 모든 종교 사조가 들어와 있기 때문이다.[9] 특히 미국에 선불교 바람을 일으킨 스즈키 다이세츠가 집필한 선불교 개론서인 *Introduction to Zen Buddhism*이 1950~60년대에 인기를 끌었던 곳도 바로 이곳이었다.

이 영향 때문인지 북미에서는 불교 하면 선불교로 인식될 정도로 선불교는 불교의 등록상표처럼 각인되어 있다. 미국에는 2천백여 개의 불교 관련 단체가 있다고 하는데 이 가운데 40%가 선불교와 관계된 것이라고 한다. 이만큼 선불교가 차지하는 비중이 높다. 스즈키의 책은 특히 당시 미국 사회를 풍미하고 있던 히피들에게 엄청난 인기

9. 이 지역의 미국 어린이들은 일본계 회사 가운데 가장 대표적인 '혼다[本田]'나 '소니'를 일본어가 아니라 영어로 알고 있다고 한다. 이것은 그들이 워낙 어려서부터 동양적인 것에 많이 노출된 때문에 생긴 현상이리라.

가 있었다고 한다.[10] 어찌나 인기가 있었던지 당시에는 미국인들을 '스즈키 책을 읽은 사람'과 '스즈키 책을 읽지 않은 사람'으로 나눠서 불렀다고 한다. 일본 승려로 또 거론되어야 할 사람은 『선심 초심(*Zen Mind, Beginner's Mind*)』이라는 책을 쓴 스즈키 순류라는 스님인데 이분은 일본의 정통 선불교 종파이고 일본의 원효라 할 수 있는 도원(道元)이 세운 조동종(曹洞宗)의 승려였다. 미국에서 이름 있던 승려로 지금은 고인이 된 한국의 숭산스님도 빼놓을 수 없다. 스님은 1970년대에 홀홀단신 미국으로 가 선원을 만들고 세계 도처에 100개가 넘는 선원을 세웠다. 서양인 제자가 천 명이 넘는다고 하니 그의 법력을 알 만하겠다. 앞에서도 언급했지만 기독교도들이 세운 선원이 있어 우리의 주목을 끈다. 가톨릭 교도인 루벤 하비토라는 사람이 텍사스 달라스에 세운 '마리아 관음 선 센터(Maria Kannon Zen Center)'[11]가 그곳이라 하겠다.

미국에서 불교 종파 가운데 선불교만큼이나 인기를 끌고 있는 것이 있다면 그것은 티베트 불교이다. 티베트 불교는 선보다 50년 정도 늦게 미국에 소개됐지만 우리가 달라이 라마 같은 티베트의 고승을 잘 알고 있는 것처럼 전 세계적으로 티베트 불교는 각광을 받고 있다. 티베트에서는 불교 지도자를 '라마'라고 부른다. 이 용어는 중국 원대 불교를 '라마교'라 부른 데에서 알 수 있듯이 우리와는 꽤 친숙한 용어이다. 이 라마는 보통 두 학파로 나뉘는데 '노란 모자 학파'와 '빨

10. 이렇게 선불교에 영향받은 히피 가운데 선을 제대로 알지 못하고 그냥 흉내만 내는 이들을 젠범(Zen bum)이라고 부르기도 했다. 여기서 젠은 선(禪)의 일본 발음이다.
11. 여기서 Kannon은 관음(觀音)의 일본 발음이다.

간 모자 학파'[12]가 그것이다. 이 가운데 노란 모자 학파의 우두머리를 달라이 라마라고 하는데 지금의 달라이 라마는 티베트 사람들에 의해 14번째 관음보살의 화신으로 받들어진다. 지금 우리가 티베트 불교를 친숙하게 느끼는 것은 이 달라이 라마에 힘입은 바가 크다. 그는 특히 중국과의 정치적 문제를 평화적으로 해결해서 1989년에 노벨평화상을 받은 것 때문에 더 유명해졌다. 그의 제자 가운데에는 미국의 저명한 영화배우인 리처드 기어를 빼놓을 수가 없다. 리처드 기어는 자신이 기부하는 것은 물론이고 여러 가지 행사를 통해 많은 돈을 모아 이 교단에 전해 주고 있다.

달라이 라마와 같이 티베트 불교를 서양에 알리는 데에 큰 공을 세운 사람은 쵸감 트룽파라는 스님이다. 이 스님은 특히 미국 콜로라도 보울더(Boulder)에 나로파(Naropa)대학을 세워 티베트 불교를 체계적으로 가르치는 데에 중점을 두고 있다. 티베트 불교는 한국에서는 이제야 연구를 시작하고 있는 형편이지만 미국에서는 인기가 매우 높을 뿐만 아니라 연구도 많이 된 불교 종파이다. 이것은 미국인 자신들의 평에서도 알 수 있다. 금세기 최고의 사상가로 꼽히는 초개인심리학의 거장 켄 윌버(Ken Wilber)도 티베트 불교에서 많은 동질성을 느끼고 큰 가르침을 받았다고 술회하고 있다.[13] 이렇게 구미 사회에서 성장을 한 티베트 불교는 지금 전체 백인 불교 인구 가운데 약 3분의 1을 점유하면서 그 세를 자랑하고 있다고 한다.

그 다음으로 간략하게 언급해야 할 불교는 소승불교라는 이름으로

12. 인간의 죽는 문제와 관련해서 고전이라 할 수 있는 티베트의 『사자의 서』는 이 빨간 모자 학파에서 생성된 책이다.

불리는 상좌불교(上座佛敎, 테라바다 부디즘)이다. 이 소승이라는 용어는 북방 불교도들이 남방 불교를 낮추어 부를 때 쓰는 잘못된 용어이기 때문에 써서는 안 된다. 여기에서 강조하는 명상법은 보통 '비파사나' 라고 불리는데 이것은 자신의 내면을 관찰하는 법으로 미얀마의 마하시 사야다라는 스님에 의해 집대성되어 전 세계로 퍼진 것이다. 이 명상법은 불교의 가장 기본 교리 가운데 하나인 팔정도에서 정념(正念, right mindfulness)을 보다 구체적으로 행하는 법으로 보면 되겠다. 영어 번역을 'mindful' 이라고 한 데에서 알 수 있듯이 온 마음을 각성해 집중에 몰입하는 것이라고 할 수 있다. 그중에서도 몸의 움직임, 느낌의 흐름, 생각의 움직임, 생각의 대상에 대해 특히 조용히 관찰하는 것이다. 물론 가장 기본이 되는 것은 자신의 호흡에 집중하는 것이다.[14]

사실 이 명상법은 붓다가 재세시 제자들에게 가르쳤던 명상법과 가장 가까운 것이라고 할 수 있다. 앞서 본 선불교나 티베트 불교의 명상법은 후대에 생겨난 것이라 원시 불교의 그것과는 차이가 많이 있다. 반면 비파사나처럼 호흡을 하면서 자기의 내면을 관찰하는 것은 가장 단순한 명상법으로 붓다가 가르친 수식관(數息觀 : 조용히 호흡하면서 수를 세는 명상법)과 흡사하다. 지금 미국에는 이 방법으로 명상을 가르치는 곳이 약 150개 정도 된다고 하는데 이렇게 보면 미국

13. 이 문제에 대해 더 자세한 것을 알고 싶으면 다음의 책을 참고하면 된다. 켄 윌버(2000), 『세상에서 가장 아름다운 용기-세기적 지성 켄 윌버와 아내 트레야의 죽음을 초월한 러브스토리』, 김재성 · 조옥경 역(2006), 한언.

14. 이에 대한 설명은 고엔카(S. N. Goenka), *Miracle of Mindfulness: A Manual on Meditation* (Beacon Press, 1922)에 자세히 나와 있다고 하는데 나는 오강남 교수의 앞의 책 p. 297을 참고하였다.

의 불교도 가운데 약 15%가 이 명상법을 따르고 있는 것이 된다. 이 명상법은 우리나라에서는 거의 소개되지 않다가 최근 10~20년 사이에 소개되면서 꽤 많은 인기를 얻어 가고 있다.

이렇게 해서 우리는 불교가 과거와 현재에 어떤 모습을 띠고 있는지 그 대강을 보았다. 불교는 그야말로 이제 과거나 현재와 같은 시간의 구분도 없고, 동서양이라는 영역에도 구애됨이 없이 전 세계를 종횡무진하게 되었다. 전 세계의 아틀라스를 펴놓고 보면 과거에 이란 근처부터 일본까지에 해당하는 지역, 즉 지구의 반을 그 세력권에 넣었던 불교가 이제 서양으로 건너가 점점 그 세력 범위를 넓혀 가고 있다. 이렇게 조용하게 세력을 전 세계로 확장하는 종교는 불교밖에 없을 것이다. 물론 기독교가 훨씬 더 광범위한 지역에 퍼져 있지만 그것은 서양인들이 실질적인 지구의 지배자이기 때문에 그 부산물로 생긴 현상일 가능성이 크다. 그리고 기독교는 무엇보다도 선교에 열성인 종교이기 때문에 이런 현상이 생겨났을 것이다. 그러나 그런 기독교도 아시아에서는 한국을 제외하고 선교의 재미를 별로 보지 못했다. 아시아에는 이미 불교(그리고 힌두교)와 이슬람이 똬리를 틀고 있기 때문에 기독교는 틈입(闖入)할 수 없었던 것이다.

그런 기독교에 비해 불교는 선교에 열성적이지도 않고 또 선교를 억지로 하지도 않았다. 그럼에도 불구하고 불교는 서서히 서점(西漸)하기 시작해 서양에 이 정도로 퍼지게 된 것이다. 이런 종교는 지구상에 없다. 이슬람은 역시 세계 종교임에 확실하지만 이 종교가 서양 백인들에 의해 불교처럼 받아들여질 확률은 거의 없다. 기독교로 중무장한 백인들이 천년 이상을 적대시하던 이슬람을 받아들일 것 같지는 않기 때문이다. 게다가 이슬람교는 기독교와 그 뿌리를 같이하기 때문에 기독교에 밝은 서양인들이 굳이 비슷한 종교를 받아들일 필요도 없을 것이다. 추측에 불과할 수도 있겠지만 아마도 이슬람교는 그 교세가 지금의 이슬람권 밖으로 크게 확장될 것 같지는 않다.

그렇게 보면 불교만이 유일하게 동서양을 막론하고 전 세계를 누비는 종교가 된 것이다. 불교는 전혀 교조적이지 않기 때문에 이슬람과도 갈등을 겪을 여지가 없다. 이슬람, 그중에서도 특히 신비주의 종파인 수피즘과는 직격으로 통한다. 불교는 이렇듯 통하지 못할 종교나 이데올로기가 없다. 그러면 불교는 대관절 어떤 종교이기에 이렇게 진정한 의미에서 세계 종교가 되었을까? 이제 그것을 보자.

# I 불교는 어떤 종교일까?

붓다는 어떤 분일까?

붓다는 무엇을 가르쳤을까?

붓다가 진정한 성자이자 최고의 스승이었다는 것은 여러 군데에서 알 수 있지만 특히 대단한 것은 자신은 물론이고 자신의 가르침마저 상대화시킨 것이다. 사람이 자신을 상대화시키는 것은 쉽지 않은 일인데 붓다처럼 수많은 사람의 추앙을 받는 인물 같은 경우에는 더더욱 그렇다. 그런데 그는 자신을 결코 다른 사람 위에 놓지 않았다. 붓다가 제자들에게 자신이 죽은 뒤 상을 만들지 말라고 한 것은 너무나 잘 알려진 이야기이다. 그래서 불상이 생겨난 것은 붓다가 열반에 든 지 수백 년이 지난 후의 일이다.

석굴암 본존불 통일신라시대, 국보 제24호

## 붓다는 어떤 분일까?

불교는 전 세계의 수많은 지역에서 이천오백 년 이상을 발전해 온 종교이기 때문에 엄청나게 다양한 문화와 교리를 갖고 있다. 어떤 교리는 지역에 따라 아예 상반되게 나오는 경우도 있다. 예를 들어 초기 불교에서는 무아론(無我論)을 말했는데 중국의 선불교로 오면 무아론은 온데간데없고 진아론(眞我論)으로 바뀐다. 없다고 하던 게 있는 것으로 바뀐 것이다. 이렇듯 불교는 다양하게 발전해 왔기 때문에 그것을 다 살핀다는 것은 이 작은 책에서는 무리일 것이다. 그런 까닭에 우리는 여기서 한국 불교를 이해하려 할 때 필요한 것들을 중심으로 불교의 발달 과정을 간략하게 보자. 그러기 위해서 가장 먼저 알아야 할 것은 불교를 창시한 붓다에 관한 것이다. 어떤 종교든 교주는 가장 중요한 존재이기 때문이다.

20세기 최고의 철학자 중 한 사람이었던 칼 야스퍼스는 일찍이 붓다를 일컬어 '너무나 보편적인 사람'이라고 평했는데 붓다에 대해서 그보다 더 좋은 평가는 없을 것 같다. 앞에서 잠깐 논한 것이지만 그가 가르쳤던 가르침에는 이성에 반하는 것이 전혀 없었다. 그는 오감을 넘어서는 초자연적인 사건에 대해 언급하기를 거부했다. 그 단적인 예가 윤회에 관한 가르침이었다고 했다. 불교에 관한 교설 가운데 윤회 전생은 마치 불교의 등록상표처럼 되어 있을 정도로 유명한 가르침이다. 불교도라면 윤회는 기본적으로 믿어야 하는 그런 교리이다. 그런데 정작 불교의 교주인 붓다는 윤회에 대한 교리가 사람의 오감이나 이성을 넘어서는 것이라 언급하기를 꺼려했다. 그런 것들을 주장하기 시작하면 서로 논의할 수 있는 공통분모를 공유 못하고 제멋대로 허랑방탕(虛浪放蕩)한 데로 갈 수 있기 때문이었을 것이다. 그래서 그의 교설을 보면 단순하기 짝이 없다.

그가 진정한 성자이자 최고의 스승이었다는 것은 여러 군데에서 알 수 있지만 특히 대단한 것은 자신은 물론이고 자신의 가르침마저 상대화시킨 것이다. 사람이 자신을 상대화시키는 것은 쉽지 않은 일인데 붓다처럼 수많은 사람의 추앙을 받는 인물 같은 경우에는 더더욱 그렇다. 그런데 그는 자신을 결코 다른 사람 위에 놓지 않았다. 붓다가 제자들에게 자신이 죽은 뒤 상을 만들지 말라고 한 것은 너무나 잘 알려진 이야기이다. 그래서 불상이 생겨난 것은 붓다가 열반에 든 지 수백 년이 지난 후의 일이다.

그가 열반에 들기 직전에 했던 교설은 유명하다. 스승이 가시고 난 다음에 어떻게 수행해야 되는가 하고 제자들이 물었을 때 붓다는 그 유명한 "법등명 자등명(法燈明 自燈明)"의 가르침을 내린다. 붓다 자신이 열반하고 없을 때 제자들은 절대로 스승인 자신을 믿어서는 안 된다고 간곡하게 말한 것이다. 이 어두운 사바 세계[15]에 앞을 비추어 줄 수 있는 등불은 붓다 자신이 아니라 자신이 가르쳐 준 법(진리)이

15. 사바'란 범어(梵語)를 음역한 것으로 인토(忍土) 혹은 감인토(堪忍土), 즉 참으면서 살아야 하는 세상을 뜻한다고 한다.

라고 힘주어 말했다. 이게 '법등명'이다. 그런데 그는 여기서 끝나지 않았다. 붓다의 최고 스승됨은 다음에서 확실하게 빛난다. 아무리 스승이 가르쳐 준 법이라 해도 스승이라는 권위 때문에 무조건적으로 받아들여서는 안 된다고 붓다는 말했다. 이렇게 한 후에 붓다는 다시 간곡하게 부탁한다. 자신의 가르침이라 하더라도 제자들이 생각해 보고 맞다고 생각되면 받아들이라고 말이다. 이런 태도야말로 진정한 스승의 모습이라 할 수 있다. 자기가 강요하지 않고 제자들이 스스로 깨우칠 수 있게 그들의 개별성을 최대한 존중해 준 것이다. 깨달음에는 남에게 의지하는 것보다 더 큰 독이 없다. 붓다는 그것을 극력 막은 것이다. 이렇듯 불교는 깨닫기 위한 종교이지 누구를 섬기기 위한 종교가 아니다.

같은 맥락에서 붓다는 자기 가르침을 상대화하는 중요한 교설을 남긴다. 자기 가르침이 아무리 좋다고 하더라도 이것은 깨닫기 위한 방편일 뿐이지 그 자체가 고귀한 것은 아니다. 붓다는 이것을 뗏목에 비유해 설명했다. 뗏목이란 강을 건너가기 위해 필요한 것이다. 강을 다 건넌 다음에 그 뗏목을 지고 갈 어리석은 사람은 아무도 없다. 마찬가지로 붓다의 법 역시 차안(此岸, 사바세계)에서 피안(彼岸, 열반세계)으로 가기 위해서만 필요한 것이다. 깨달음을 얻으면 아무리 스승이 남긴 가르침이라 하더라도 버려야 한다. 바로 이런 점이 불교를 세계에서 가장 뛰어난 가르침 중에 하나로 만든 것이다. 스스로를 부정할 수 있게 만드는 기제(mechanism)를 교리 안에 갖고 있으므로 대단하다는 것이다. 원래 종교란 것은 대단히 역설적이어서 종교가 없어질 때 스스로의 목적을 달성하게 되는 아주 재미있는 운명을 갖고 있다. 종교란 인간의 궁극적인 문제에 대해서 해결책을 제시하기 위해 생겨난 것인데 그 문제가 풀리면 더 이상 종교는 지구상에 존재할 필요가 없기 때문이다. 그런데 아마도 세계의 고등종교 가운데 불교만이 이러한 기준에 맞지 않을까 하는 생각을 가져본다. 불교는 불교가 없어져야 그 생겨난 목표를 달성할 수 있기 때문이다.

그런 종교를 창시한 붓다의 탄생을 보면, 그는 다른 성자들과 조금 다른 모습을 보인다. 보통 최고의 성인들은 다소 아웃사이더로 이 세상에 등장하는데 붓다는 잘 알려진 것처럼 브라만에 이어 두 번째 계급인 크샤트리아, 즉 정치인 혹은 무사의 계급이라는 꽤 높은 신분으로 출세한다. 붓다가 이런 계급 출신이라는 것은 후에 그가 브라만 계급이 믿는 종교 교리에 반하는 가르침을 내놓을 것이라는 예측을 가능하게 한다. 실제로 그는 브라만교에서 말하는 카스트 제도를 부정했고 브라만과 같은 초월적인 존재는 없다고 주장했다. 그런데 붓다 아버지가 왕이었다고는 하나 그가 지배했던 왕국은 아주 작았다. 지금까지 연구 결과를 보면 그 왕국의 크기가 동서 80킬로미터에 남북이 60킬로미터였다고 하니 한 부족이 사는 정도의 작은 국가라 생각하면 되겠다. 그 위치는 지금으로 하면 인도와 네팔의 국경 부근이라 하는데 붓다의 탄생지인 룸비니는 현재로는 네팔 국경 안에 위치해 있다. 붓다의 어머니는 산일이 되어 관습대로 친정으로 가다가 길에서 붓다를 낳게 되는데 그곳이 룸비니인 것이다.

그의 출생을 둘러싸고 많은 신이한 이야기들이 전해진다. 그것들을 굳이 상세히 말할 필요는 없겠다. 왜냐하면 불교에서는 그런 신화적인 이야기들을 그리 중시하지 않기 때문이다. 그가 어머니의 옆구리로 태어났다느니 또 나오자마자 일곱 발자국을 걸은 다음 손으로 땅과 하늘을 가리키며 '천상천하 유아독존'이라고 했다는 이야기는 그

룸비니 유적지

저 붓다를 기리고자 나중에 만들어낸 것에 불과하다.[16] 불교에서는 이런 신화적인 이야기를 무시해도 상관없고 그런 것을 존중해도 상관없다. 붓다의 신상에 관한 것은 있는 대로 다 알려져 있기 때문에 그를 둘러싸고 논란이 생길 거리가 없다. 그는 분명 부부관계의 결과로 이 세상에 나왔고 탄생 뒤 7일 만에 어머니를 여의었으며 그후 이모에 의해 양육되었다. 이 이모는 불교 사상 최초의 비구니가 되는 대단히

16. 물론 여기서 말하는 '나'가 누구냐를 가지고 여러 설이 있긴 하다. 이 '나'는 반드시 어린 붓다를 가리키는 것은 아니고 '우주적인 나' 혹은 '진아'를 가리킨다는 설이 가장 설득력이 있는 것처럼 보이나 이것 역시 후대의 해석에 불과하다.

역사적인 인물이다. 그리고 그는 결혼을 했고 '라훌라'라는 아들이 있었으며 나중에 이 아들 역시 붓다의 제자가 되어 일생을 마친다. 뿐만 아니라 야소다라라는 이름의 아내도 출가해서 붓다의 제자가 되어 식구들이 모두 같이 승단 생활을 한다.

이렇게 태어난 붓다는 궁중에 돌아오자 붓다의 아버지가 초청한 유명한 예언자로부터 상서로운 이야기를 듣는다. 그 예언자에 의하면 이 아기는 만일 출가를 하지 않는다면 전 세상을 통치하는 위대한 왕(전륜성왕)이 될 것이고 출가를 하면 위대한 종교적 스승, 즉 진리를 깨치는 붓다가 될 것이라는 것이었다. 그러면서 예언자는 눈물을 흘렸다. 그 연유를 묻는 왕에게 예언자는 아기가 깨쳤을 때는 자신은 이 세상에 없기 때문에 그것이 못내 안타까워 운다고 고백했다.

어려서 모친을 잃은 붓다—정확히 말하면 싯다르타 태자—는 아마도 염세적이거나 적어도 세간 일에 매우 민감한 아이로 성장했을 가능성이 있다. 물론 그의 이모가 붓다를 잘 양육했겠지만 원래 종교적 천재는 보통 사람들에 비해 말할 수 없이 예민한 법이다. 그런 순수한 감각이나 각성 상태를 유지하지 않으면 깨달음 자체가 아예 불가능하기 때문이다. 출가하기 전의 붓다의 삶에 대해서는 알려진 게 별로 없다. 왜냐하면 종교적 진리를 추구하는 사람들에게는 종교적 체험을 하기 전의 삶은 그다지 중요하지 않기 때문이다. 종교에서는 제2의 탄생, 즉 이전의 자기가 죽고 새로운 자아가 탄생하는 것이 가장 중요한 일이기 때문에 세계 종교를 창시한 교주들의 경우 그들의 유년 시절 모습이 잘 알려져 있지 않은 것을 왕왕 볼 수 있다. 붓다나 예수도 그런 점에서는 마찬가지라 할 수 있다.

붓다의 유년 시절과 관련해서 우리가 확실하게 알 수 있는 건 그가

10대에 결혼을 했고 아들이 하나 있었다는 것이다. 그리고 아들의 출가를 두려워한 부왕(父王)이 그에게 온갖 쾌락을 제공했다는 것이다. 계절마다 따로 거하는 궁전이 있었으며 온갖 산해진미와 미녀들이 그의 곁을 떠나지 않았다고 한다. 그는 깨달은 다음에 그때의 궁정 생활에 대해서 이렇게 회상했다. 자신은 이때 세속에서 맛볼 수 있는 즐거움을 모두 맛보았다. 그런데 이 쾌락들은 즐겁기는 했지만 결코 오래가지 못했다. 쾌락이 끝나고 나면 오히려 더 허무해지기도 했다. 만일 이 쾌락이 영원히 지속되는 것이라면 자기는 출가를 하지 않았을 것이라고 언급했다. 이렇게 보면 붓다가 행한 출가는 영원한 즐거움을 위해서 단행한 것으로도 볼 수 있다. 그래서 그랬던가, 어떤 선사에게 깨친 다음의 상황이 어떠하냐고 물으니 "나날이 좋은 날(日日是好日, Everyday is a good day!)"이라고 대답했다고 하는데 이 역시 같은 맥락에서 이해될 수 있을 것이다.

이와 더불어 가장 실화에 가까운 이야기는 붓다가 어렸을 때 겪은 일이다. 어느 날 붓다는 우연히 작은 벌레가 기어가고 있는 것을 발견한다. 그런데 그 바로 뒤에 좀더 큰 벌레가 작은 벌레를 잡아먹기 위해 기어가고 있었다. 그리고 더 충격적인 것은 머리 위에는 새 한 마리가 그 벌레를 잡으려고 하강중에 있었던 것이다. 이렇게 서로 죽고 죽이는 모습을 보고 붓다는 큰 충격을 받았다. 붓다는 어째서 자연의 생물들이 죽고 죽이면서 사는 것에 대해 큰 충격을 받았다고 하는 것일까? 이것은 이른바 약육강식이라는 자연계의 법칙일 뿐인데 붓다는 어째서 충격을 받았을까? 붓다가 이런 사소한 일에-사실 사소한 것도 아니지만-충격을 받은 것은 위에서 말한 것처럼 종교적 천재는 사물이나 사안을 전체적으로 볼 수 있고 개개 사안에 극히 예민하기 때문이다. 이렇게 동물들이 끊임없이 맞물려서 죽고 죽이는 것은 인간 세상도 마찬가지라 이때 붓다는 우리 본능 깊은 속에 있는 큰 이기심을 보았을 것이다. 이것을 불교 용어로 무명(無明)이라는 단어로 표현할 수 있을 터인데 이것을 발견하고 붓다는 소스라치게 놀란 것이 아닌가 하는 생각을 가져본다.

붓다의 출가 전 이야기는 이 정도밖에 알려진 게 없다. 그러나 일반 불교도들에게는 위의 이야기보다 더 친숙한 이야기가 있다. 이른바 사문유관(四門遊觀, four passing sights)이란 용어로 불리는 것으로 붓다가 출가하기 직전에 겪었다고 전해지는 사건이다. '사문유관'이란 네 군데의 문을 돌아다니며 관찰했다는 뜻으로 이해하면 될 것 같은데 붓다가 네 곳의 성 문을 나다니다가 겪은 사건을 말한다.

우선 동쪽 문으로 갔더니 아주 늙은 꼬부랑 노인이 있었다. 붓다는 사람이 늙으면 저렇게 추하게 된다는 것을 알고 큰 충격을 받았다고 전한다. 두 번째 남쪽 문으로 갔다가 이번에는 병자를 만났다. 여기서 붓다는 인간이 병에 걸린다는 사실과 또 병에 걸리면 저렇게 괴로워할 뿐만 아니라 고치지도 못하고 죽는다는 사실을 역시 처음으로 알았다고 전해진다. 그 다음은 서쪽 문이다. 여기서 붓다는 죽은 사람을 보고서 인간이 죽는다는 사실을 처음으로 알았다고 한다. 붓다가 큰 충격을 받은 것은 말할 것도 없었다. 아니 지금까지 겪은 충격 가운데 가장 큰 충격에 휩싸였을 것 같다. 인간은 늙고 병들다 드디어는 죽게 되니 말이다. 그런데 다행히도 마지막으로 간 북쪽 문에서 붓다는 희망을 보았다. 출가해서 수도하는 수행자를 만났기 때문이다. 그때 붓다는 자신도 생로병사에 휘말려 있는 사바세계를 떠나 저 수도자처럼 인생의 고통에서 벗어나는 길을 찾아야겠다고 결심했다고 한다.

사문유관 통도사 영산전 팔상도, 조선시대, 성보문화재연구원 사진

절에 가서 법당을 보면 많은 경우 벽을 돌아가면서 그림이 그려져 있는 것을 목격할 수 있다. 여기에는 자기 마음을 소로 비유해서 찾아가는 과정을 묘사한 심우도(尋牛圖)도 많이 그려져 있지만 붓다의 일생을 묘사한 그림도 많이 있다. 불교에서는 보통 붓다의 일생을 8단계로 나누어서 그리는데 이렇게 그린 그림을 팔상도(八相圖)라고 한다. 사문유관은 바로 이 8단계 가운데 세 번째가 된다. 이것을 순서대로 보면 다음과 같다.

1) 붓다가 어머니 뱃속으로 들어오는 상
2) 룸비니에서 태어나는 상
3) 네 개의 문에서 세상을 관찰하는 상
4) 성을 넘어 출가하는 상
5) 설산에서 수도하는 상
6) 깨닫기 직전에 보리수 나무 아래에서 마귀의 항복을 받는 상(보디가야)
7) 5명의 동료에게 녹야원에서 처음으로 설법하는 상(녹야원)
8) 열반에 드는 상(쿠시나가라)

그런데 이 사문유관과 관련해서 하고 싶은 이야기는 이 설화가 허구라는 것이다. 말이 되겠는가? 붓다가 출가한 것이 서른살이 다 된 29세였는데 그 나이가 되도록 사람이 어떻게 인생의 생로병사를 모를 수가 있겠는가? 더군다나 자신의 어머니는 일찍 타계했는데 그런 붓다가 인간의 죽음에 대해 모를 리가 있겠는가? 이 모든 것은 후대에 지어낸 이야기일 것이다. 그 의도는 그가 생로병사라는 인간의 절체

절명의 문제를 뼈저리게 느끼고 출가했다는 것을 강조하기 위해서 만든 것이 아닐까 하는 생각이다.

사실 붓다가 출가하기 전에 했던 일 가운데 가장 많이 알려진 사건이 하나 있는데 그 사건이 이 사문유관보다 먼저 거론되어야 한다. 그것은 다름 아닌 붓다의 결혼이다. 붓다는 앞에서 말한 것처럼 10대 중반에 결혼을 하고 아들까지 하나 낳는다. 이때 낳은 아들의 이름을 '라훌라' 라고 했는데, 아들이 탄생했다는 소리를 듣고 붓다가 "(출가하는 데에) 장애가 생겼구나" 하고 탄식한 데에서 이름이 연유됐다고 한다. 어찌 됐든 붓다의 가정에 대한 이러한 이야기들은 그의 일생에서 그다지 큰 비중을 차지하지 못하는 것 같다. 팔상도에 결혼과 가정에 대한 이야기는 없기 때문에 그렇다는 것이다. 따라서 우리도 이 이야기에 대해 그리 오래 말할 필요는 없을 것 같다.

이렇게 생의 전반기를 보내던 붓다는 29세가 되던 어느 날 밤 드디어 말을 타고 하인 하나를 대동한 채 출가를 단행한다. 팔상도 4번째 단계에 해당한다. 그 날에 얽힌 이야기도 여러 설이 있지만 다 생략하자. 드디어 인류의 큰 스승이 될 분이 출가를 했다는 게 중요하기 때문이다. 출가를 해서 그는 두 명의 스승[17]을 만나 수행을 했으나 그들에게서 큰 만족을 얻지 못한다. 전승에 의하면 그 두 스승이 올라간 경지에 곧 도달할 수 있었지만 붓다 자신이 원하는 수준은 아니었다고 한다. 독자적인 수행을 위해 붓다는 이들을 떠나 우루벨라에 있는

17. 붓다는 당시 자신의 고국인 카필라국보다 훨씬 더 큰 나라였던 마가다국의 수도인 라자그리하에 가서 스승을 만난다. 첫 번째 스승은 '칼라마' 라고 하고 두 번째 스승은 '라마푸트라' 라고 한다.

네란자라 강변으로 간다. 그곳에서 그는 수행 형태를 바꿔 혹독한 고행을 시작했다. 이때 불교사에서 볼 때 주목할 만한 일이 일어난다. 다섯 명의 수행자가 붓다와 같이 고행을 시작했기 때문이다. 이들은 바로 붓다의 첫 번째 제자가 되는 사람들이다. 붓다가 나중에 깨쳤을 때 첫 번째 설법 대상으로 이들 다섯 명을 택하게 되니 이들은 장구한 불교 승단사에서 최초를 장식하는 사람이 되는 셈이다.

고행하는 붓다

이때 붓다가 했던 고행은 상상을 뛰어넘는 것이었다. 그는 하루를 극소량의 곡식으로 버텼는가 하면 숨 참는 수련을 한 번에 몇 십분씩 해서 귀에서 천둥 소리가 들릴 정도였다고 한다. 그래서 몸은 앞에서 척추가 잡힐 정도로 야위었다. 피부색도 시커멓게 변해 사람의 모습이 아니었다. 붓다가 명상을 할 때 하도 오랫동안 움직이지 않으니까 그의 머리 위에 새가 집을 지었다는 이야기도 전해진다. 이때 고행하던 붓다의 모습은 상으로 제작되어 현재 파키스탄 국립박물관에 있다. 붓다가 이런 고행을 얼마 동안 했는지는 잘 알려져 있지 않지만 그가 고행을 포기하게 되는 것은 몸이 아마도 더 이상 고행을 지탱할 수 없는 상태가 됐을 때가 아닌가 하는 추측을 해본다. 이렇게 하다간 자신이 목표로 한 깨달음에 이를 수 없을 것이라는 생각이 강하게 들었을 때가 바로 고행을 포기한 때가 아닌가 싶다. 나중에 깨달은 다음에 붓다는 이렇게 말했다고 한다. 고행을 통해 깨달을 수 있었다면 고행을 계속 했을 터인데 별로 도움이 안 된다는 것을 깨닫고 그만 두었다는 것이다. 그럼 그때까지 했던 고행은 무익한 것이었을까? 개인적인 생각이지만 지금까지 수없이 많은 생을 살면서 쌓인 업보를 녹이는 데에 그러한 혹독한 고행이 필요했을 것 같다. 인간이 참을 수 없는 지점까지 가서 그 내면을 확실하게 본 것은 아닐까?

고행을 그만두기로 결정한 붓다는 강으로 가 몸을 씻고 심기일전하려고 물 속으로 들어갔다. 그런데 몸이 너무 허약해져 별로 세지도 않은 물살에 떠내려갈 뻔했다. 그때 옆에 있던 나무가 자신의 가지를 늘어뜨려 붓다가 그것을 잡고 나왔다는 이야기는 너무나 유명하다. 이 이야기는 사실 여부보다 붓다가 그동안 몸이 얼마나 허약해졌는가를 보여주는 일화로 소개하고 싶다. 어찌됐든 붓다는 물에서 나와 한 나무 밑에 몸과 마음을 가다듬기 위해 앉았다. 그때 마침 어떤 여인이 아기를 낳게 해달라고 나무 신에게 빌기 위해 붓다에게로 다가왔다. 이 여인은 붓다가 인류 역사를 바꾸어 놓을 대스승이 될 것이라는 것은 전혀 모른 채 그를 단지 나무의 신으로만 생각하고 우유죽을 바쳤다. 붓다는 이 죽을 받아먹고 몸의 기력을 되찾았다. 이제 마지막 일전을 치를 힘이 생긴 것이다.

그런데 이때 같이 수행하던 동료들은 붓다가 고행을 버린 것으로 여기고 그를 떠난다. 우유죽을 먹은 붓다를 보고 배신자라고 했다는 설도 있다. 혼자가 된 붓다는 후에 보리수라고 명명한 나무–실제로는 무화과 나무였을 것으로 추정한다–아래에 앉았다. 깨치지 않으면 이 자리에서 절대로 일어나지 않겠다는 굳은 결심과 함께 말이다. 그렇게 하길 6일째 되는 날 밤, 드디어 깨닫기 하루 전날이었다. 이 세상에 깨친 분이 탄생한다는 소식에 어둠의 세력들이 화들짝 놀랐다. 그 세력의 대장이라 할 수 있는 마라가 앞장서서 붓다의 대각을 저지하고 나섰다.

전승에 의하면 이때 붓다는 마라로부터 세 번의 큰 유혹을 받는다. 첫 번째는 마라가 무시무시한 마군(魔軍)을 데리고 와서 붓다에게 수행을 포기하라고 위협했다. 그러나 물론 붓다는 그 정도의 위협에 전혀 흔들리지 않았다. 그 다음은 마라의 세 딸이 와서 남자를 유혹하는 32가지 방법으로 붓다를 뒤흔들었다. 이 세 딸의 이름은 '불만', '쾌락', '욕망'이라고 했는데 이번에도 붓다는 잘 넘겼다. 마지막으로 마라는 붓다가 결코 깨달을 수 없을 것이라고 강하게 주장했다. 그러자 붓다는 지신(地神)을 불러내 자신이 곧 깨달을 것이라는 것을 증명하라고 명령했다. 이윽고 괴성과 함께 땅이 갈라지며 지신이 나타나 붓다의 붓다됨을 증거하자 마라와 군대들은 놀라 혼비백산했다. 드디어 마지막 관문을 통과한 것이다.

이 마지막 관문을 통과하는 모습은 우리가 절에 가면 쉽게 만날 수 있다. 가장 대표적인 것은 뭐니 뭐니 해도 석굴암의 본존불이 하고 있는 손의 형태와 같은 것이다. 이것을 보통 불교에서는 항마촉지인(降魔觸地印)이라고 부르는데 양손을 포개서 단전 앞에 놓은 형태에서 오른손을 풀어 오른 무릎 위에 놓고 집게손가락으로 땅을 가리키는 형태를 말한다. 마라가 하도 귀찮게 하니까 손을 풀어 지신을 가리키

불상의 각부 명칭

는 모습을 그린 것이다. '항마촉지인' 이란 문자 그대로 '마를 항복시키려고 땅을 가리키는 손의 모습' 으로 해석될 수 있다. 절에 가면 이런 모습을 하고 있는 불상을 가장 많이 발견할 수 있는데 그 불상은 대체로 석가모니불이 된다.

이렇게 붓다가 당한 세 번의 유혹에 대해 여러 가지 해석이 가능하겠지만 마음이나 식(識)을 중시하는 종교답게 불교에서는 이 악마들이 결코 우리의 마음을 떠나 외부에 실재한다고 가르치지 않는다. 이 악마들에 대한 가장 정통적인 해석은 붓다가 깨닫기 직전에 그때까지 남아 있는 마음의 어두운 부분이 의인화되어 나타난 것이라는 것이다. 인간의 무명을 이루고 있는 것들의 뿌리와 마지막으로 일전을 벌인 것이라고도 볼 수 있다. 어두운 기운이 더 이상 힘을 못 쓰게 마지막 조복을 시킨 것이다.

악마들을 다 물리친, 혹은 마지막으로 산란한 마음을 완벽하게 가라앉힌 붓다는 최후의 깨달음 단계로 서서히 전진했다. 이제 붓다의 마음속에는 일호의 의심이나 개념화 작용이 일어나지 않았다. 아주 명징하고 편안한 상태에서 완전한 집중이 이루어졌다. 전승에 의하면 이때 붓다에게는 3가지 내지 6가지의 초상적(超常的, transnormal 혹은 supernatural)인 능력이 생겼다고 한다. 그중에 3가지만 소개하면, 우선 숙명통(宿命通)이 생겼다. 이것은 어떤 사람을 보면 그 사람의 모든 전생을 바로 알 수 있는 능력을 말한다. 이것은 윤회를 인정하는 것이니 윤회설을 인정하지 않는 사람들은 받아들이기 쉽지 않을 것 같다. 두 번째는 천안통(天眼通)으로 사바세계를 지배하고 있는 연기설이나 업보의 법칙 같은 것을 완전하게 아는 것으로 해석되기도 하고 이 우주 안에 있는 모든 것을 자기 마음대로 볼 수 있는 능력이라고 해석하기도 한다. 이를테면 어떤 곳이나 어떤 사람이 보고 싶다고 마음만 먹으면 그것을 바로 그 자리에서 볼 수 있는 능력을 말한다. 그리고 세 번째는 누진통(漏盡通)으로 중생의 4가지 큰 번뇌, 즉 쾌락과 욕망, 무지, 삿된 생각을 어떻게 없앨 수 있는가를 아는 능력을 말한다. 이런 능력들은 앞으로 붓다가 수많은 사람들에게 가르침을 줄 수 있는 여러 방편들에 대해 통달했다는 것으로도 해석될 수 있다.

이런 능력을 하나 둘 갖추는 사이 새벽이 밝아왔다. 붓다 자신의 술회에 의하면 그는 새벽별을 보고 드디어 깨쳤다고 한다. 이제 붓다는 자아가 없는 사람(Selfless Self)이 되었다. 이제 붓다는 어떤 일을 해도, 그것이 어떤 한 생각을 내는 것이든 실제로 몸을 움직이는 것이든 아무런 족적을 남기지 않게 되었다. 더 이상 자기가 없기 때문이다. 아니 자기가 없으면서 있고 있으면서 없다고 해야 정확한 말이 되겠다. 모든 이원론을 초극했기 때문이다. 드디어 대각을 한 것이다.

인류의 희망은 이날 새벽에 나타났다. 인류 역사의 물줄기를 그 근저에서부터 바꾸는 대웅(大雄)이 탄생한 것이다. 이때 붓다의 세속 나이는 35세. 29세에 출가했으니까 6년 동안 수행한 끝이다. 사실 각자들에게 세속 나이는 별 의미가 없다. 그러나 붓다가 얼마나 젊었을 때 깨쳤는가를 알기 위해 한번 거론해 본 것이다. 붓다가 탄생해서 깨닫기까지의 모습을 비교적 잘 그린 영화가 있어 소개해야겠다. 「리틀 붓다」라는 영화로 「마지막 황제」 같은 대작을 만든 베르나르도 베르톨루치 감독 작품으로 붓다 역은 미남 배우 키아누 리브스가 맡았다. 이 배우는 「매트릭스」나 「스피드」에서 열연했는데 붓다로 나온 모습도 꽤 괜찮았던 것으로 기억된다. 특히 깨닫기 전날 밤 마왕이 세 번 유혹하는 장면은 아주 상상력 있게 표현되어 볼 만하다.

이렇게 깨달은 붓다[18]에 관해 몇 가지 이야기가 전해져 온다. 우선 그는 후에 윤회 전생에 대해서는 설하지 않았음에도 불구하고 깨달은 직후에 "나는 이제 이 사바세계에 다시 오지 않아도 된다!"고 외쳤다고 전해진다. 인도 종교에서는 사바세계를 고해(苦海)라고 하듯이 이 생에 태어나는 것 자체가 괴롭다고 주장한다. 사실 불교를 비롯한 인도 종교의 목적은 이생에 다시 오지 않는 것, 다시 말해 이생에서 해탈하는 것이다. 붓다는 우리를 이생에 다시 오게 만드는 업보로부터 영원히 해방된 것이다.

그 다음 에피소드로 붓다는 깨달은 후 자신의 교설을 펼 것인가 말 것인가에 대해 고심을 했다고 전한다. 자기가 깨달은 진리가 너무 어렵기 때문에 무지몽매에서 헤매는 중생들이 알아들을 수 있겠는가 하는 회의가 일었다는 것이다. 그래서 한동안 고심을 하다 붓다는 드디어 대자대비의 마음을 갖고 감연히 일어난다. 사실 중생 구제를 떠난 붓다는 생각할 수도 없다. 생각해 보면 그는 굳이 중생 구제에 나서지 않아도 되었을 것이다. 깨쳤으면 바로 육체마저 열반에 들게 해 이 세상을 떠날 수도 있었는데 붓다는 그렇게 하지 않은 것이다. 이 때문에 붓다는 그 뒤 40여 년 동안 육체를 지니고 그 힘든 사바세계의 생활을 감수하게 된다. 자신의 편함보다 중생에 대한 사랑이 더 중요했던 것이다. 그래서 붓다를 두고 대자대비하다고 말하는 것이리라.

중생 구제를 나서기로 작정한 붓다는 가장 먼저 누구에게 이 기쁜 깨달음의 소식을 전할 것인가를 생각해 보았다. 가장 먼저 두 스승이

18. 붓다란 '눈뜬 이"라는 의미로 보통명사이다. 따라서 깨친 이라면 누구에게나 붙일 수 있는 이름이다.

떠올랐지만 자신의 천안(天眼)으로 보니 이 두 사람은 안타깝게도 붓다가 깨닫기 며칠 전 세상을 떠났다. 그 다음 대상은 당연히 붓다와 같이 수행하던 다섯 명의 동료들이었다. 그들이 있는 곳을 다시 천안으로 살펴보니 지금의 바나라시 외곽에 있는 사슴공원, 즉 녹야원에서 수행하고 있는 모습을 볼 수 있었다.

드디어 붓다는 그들을 향해 중생 구제의 첫걸음을 내디뎠다. 불교 2,500여 년의 장구한 역사가 시작되는 드라마틱한 순간이었다. 불교 용어로 하면 법륜(法輪)이 굴러가기 시작한 것이다. 그런데 여기서 꼭 짚고 가야 할 것은 붓다가 깨달은 보드가야('깨침의 마을' 이라는 뜻)에서 녹야원까지는 약 200km나 되는 엄청난 거리였다는 것이다. 붓다는 자신의 동료들을 위해 몸소 그 먼 거리를 걸어가기로 한 것이다. 제자들이 스승에게 온 것이 아니라 스승이 제자에게 간 것이다. 사실 이와 같이 스승이 제자에게 가는 것이 맞는 것이다. 여기서도 우리는 붓다의 대자대비한 면모를 엿볼 수 있다. 그런데 보통 우리나라 승려들은 절에서 '오는 사람 막지 않고 가는 사람 붙잡지 않는다' 고 매우 초연한 태도를 취하는 경우가 많은데 이것은 초조인 붓다를 생각하면 맞지 않는 것이다. 불교는 인도 종교답지 않게 선교에 매우 열성인데 이것은 붓다의 위와 같은 태도에서 연유한 것으로 승려들은 이 사실을 다시 한번 생각해야 할 것이다.

맨발로 200km를 걸어 붓다가 5명의 동료들에게 다가가자 이들은 붓다를 외면하려 했다. 고행을 포기하고 사치의 길로 들어선 배신자였기 때문이다. 그런데 다가오는 붓다의 모습이 범상치 않았다. 이전의 붓다가 아니었다. 아마 이 다섯 명도 높은 수행의 수준에 있었기 때문에 붓다가 지금 어떤 상태에 있다는 것을 알아차렸을 것이다. 붓

**녹야원** 금강초롱 사진(네이버)

다가 당도하자마자 그들은 바로 붓다에게 조복했다. 깨달은 분의 아우라(aura)란 대단한 것이기 때문에 그들은 그 힘을 곧 알아차리고 붓다에게 조복했을 것이다. 오랜만에 동료들을 만난 붓다는 곧 설법을 시작했다. 이것이 최초의 설법이며 여기에서 최초의 승단이 생겨난다. 이때 붓다가 가르친 법은 그 후 모든 불교 종파에서 가장 기초가 되는 교리가 된다. 이제 붓다가 무엇을 가르쳤는지 보기로 하자.

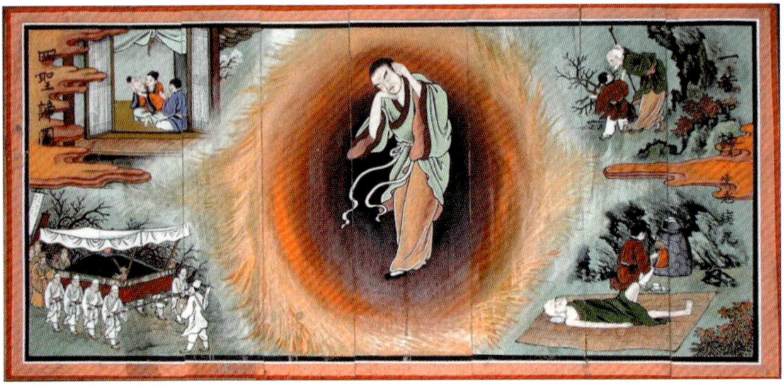


고성제 송광사 대웅보전 사성제 중에서, 황보근영 사진

집성제 송광사 대웅보전 사성제 중에서, 황보근영 사진

## 붓다는 무엇을 가르쳤을까?

붓다가 이때 가르친 것은 참으로 단순하기 짝이 없다. 너무 단순해 정녕 이게 붓다, 즉 깨친 이라는 분이 말한 건지 의심이 들 정도이다. 그런데 그 뒤 수천 년을 발전해 간 불교의 모든 교리는 바로 이 단순한 가르침에 의거해 있다. 이때 붓다가 말한 것을 보기에 앞서 우리가 인도 사상을 이해하려 할 때 반드시 알아야 하는 네 가지 개념에 대해서 보기로 하자. 인도에는 불교를 위시해 많은 학파 혹은 종파가 있었다. 그중에서도 샹카라가 대표주자로 되어 있는 불이론(不二論)적인 아드베이타 베단타 학파는 인도의 정통 사상이라고 할 수 있다. 그런데 불교든 베단타든 인도 사상인 한 공유하고 있는 개념이 있다. 불교를 더 잘 이해하기 위해 그 네 가지 개념을 잠깐 살펴보자.

### 인도 사상을 대표하는 네 가지 개념

이 네 가지 개념은 마야(환, 幻) · 카르마 · 니르바나 · 요가를 말한다. 우선 마야는 "이 세상의 모든 것은 브라만의 그림자에 불과하다. 그래서 환(영)이다"라는 설이다. 이 개념은 인도 사상을 가장 인도답게 만드는 것인데 여기서는 아주 간단하게만 보자. 보통사람들은 사

**멸성제** 송광사 대웅보전 사성제 중에서, 황보근영 사진

**도성제** 송광사 대웅보전 사성제 중에서, 황보근영 사진

물을 있는 그대로 보지 못하고 항상 우리가 지닌 왜곡된 시각에 의해 보게 된다. 쉽게 말해 중생들은 우리가 보고 싶은 대로 보고 듣고 싶은 대로만 듣는지라 사물의 가장 깊은 내면의 모습을 보지 못한다. 그 뿌리에는 무명(ignorance)이 있다. 중생들은 이 무명 때문에 사물의 실상을 깨닫지 못하고 있는 것이다. 이런 생각은 유일신교인 기독교나 이슬람교에서는 결코 발견할 수 없다. 지고의 존재인 신이 창조한 세계를 보고 환각이라고 하면 되겠는가?

그 다음은 카르마, 즉 업(業)설이다. 이것 역시 인도 종교의 매우 독특한 사상이다. 우리 생애에는 그것이 전생에서 오든 이생에만 국한되는 것이든 보이지 않는 법칙이 흐르고 있는데 이것이 카르마이다. 이 설에 의하면 우리가 행하는 모든 것은 우리의 의식 어딘가에 저장이 된다. 행동하는 것은 물론이고 말하고 생각하는 것들이 모두 저장되어 나중에 일정한 기회가 되면 과보(果報)로 나타난다. 이것은 현생에만 국한되는 것이 아니라 삼세를 거치기 때문에 삼세인과설이라고도 말해진다. 인도 종교에 의하면 우리가 윤회를 하게 되는 이유는 이 업보 때문이다. 해결되지 않은 업보가 있으면 그것을 풀기 위해 자꾸 다시 태어나야 한다는 것이 그 대강의 설이다. 이런 설은 인도인들에게는 상식처럼 들리지만 윤회를 인정하지 않는 대부분의 비인도인들에게는 생소한 것이다.

세 번째 개념은 니르바나, 즉 열반이다. 위에서 지적한 문제들이 다 해결되면 열반에 들 수 있다. 니르바나란 '니로다'가 어원인데 이것은 '불어서 끈다'는 의미라고 한다. 우리 내면에 있는 마지막 남은 욕망을 불어서 끄는 것이다. 그렇게 되면 많은 업보에서 해방되는 것이다. 그래서 해탈이라고도 한다. 해탈을 요샛말로 하면 대자유라고 할 수 있다. 니르바나야말로 인도 종교에서 지고의 목적으로 삼는 것이다.

그럼 우리들은 이 목표에 어떻게 도달할 수 있을까? 여기서 마지막 개념인 요가가 나온다. 요가란 대단히 복잡한 개념이지만 한마디로 하면 깨달음을 성취할 수 있는 모든 수단들을 통칭한다고 볼 수 있겠다. 깨닫기 위해 여러 체위로 몸을 수련하고 호흡을 하고 명상을 하는 것[즈냐나 요가]에서부터 자신을 완전히 헌신하는 기도를 드리고[박티 요가] 실제로 다른 사람들을 위해 봉사하는[카르마 요가] 등등이 모두 요가에 속한다고 할 수 있다. 사람들은 보통 요가를 몸 수련하는 것 정도로만 알고 있는데 사실은 사람으로 하여금 깨달음에 이르게 할 수 있는 모든 방편이 요가라고 할 수 있다.

## 붓다가 최초로 가르친 네 가지 진리

붓다는 녹야원에서 위에서 본 인도 사상의 네 가지 개념과 비슷한 내용으로 불교 사상 최초의 설법을 한다. 이것을 보통 불교에서는 사성제라 하고 영어로는 'Four Noble Truth'로 번역한다. 네 가지 진리라는 뜻이겠다. 이것은 또 의사가 병을 치료하는 것에 비유해 볼 수도 있다. 의사가 환자의 병을 치료하기 위해서 가장 먼저 해야 할 일은 어떻게 아픈지를 파악하는 것이다. 즉 병을 진단하는 일이다. 그런 다음 그 원인을 캐보아야 한다. 여기까지가 병을 진단하는 과정이라 할 수 있다. 그 다음에는 처방을 해야 한다. 어떻게 하면 병에서 나을 수 있을지 그 방법을 제시해야 하는 것이다. 그리고 마지막으로 병이 완전히 나은 상태에 대해서도 말해 주어야 한다. 일종의 이정표가 되는 셈이다. 병이 완전히 나은 상태가 있고 그 상태가 어떤가에 대해

제시하면 환자들은 큰 희망을 가질 수 있다. 나의 지금 상태가 힘들지라도 분명 나는 저렇게 나아서 큰 행복을 느낄 수 있다고 생각할 수 있으니 말이다.

그러면 붓다가 가르친 첫 번째 진리는 무엇일까? 너무나 단순해 맥 빠지기까지 하는데 인생은 괴롭다는 것이 그것이다. 우리가 병에 걸려 아픈 것과 같은 것이다. 병을 치유하려면 스스로 아프다는 것을 알아야 한다. 그런 의미에서 인생은 괴롭다는 것을 우선 알아야 한다. 병에 걸렸을 때 가장 먼저 해야 할 일은 자신이 병에 걸려 괴롭다는 것을 아는 것이다. 이 괴로움의 내용은 어떤 것인가? 가장 일반적인 고통은 네 가지 고통, 즉 생로병사이다. 인도 종교에서는 일단 이 세상에 태어나는 것 자체가 괴로움이다. 이렇게 해서 태어나면 반드시 늙어야 한다. 젊은 사람들은 늙는다는 것이 왜 고통인지 모르겠지만 나이를 들어보면 늙는다는 것이 고통이라는 것을 알 수 있다. 그런데 건강하게 늙어도 인생이 쉽지 않은데 늙으면 거의 병이 찾아온다. 그러다 보면 죽는 날이 다가오는데 인생에서 죽는 것보다 더 '공포스러운' 체험이 있을까? 죽음 앞에서는 그 어떤 것이든 의미를 잃어버린다. 우리의 삶에서 겪게 되는 고통 가운데 가장 고통스러운 일은 아마도 죽음일 것이다.[19] 만일 인간이 죽지 않는다면 종교는 아예 생겨나지도 않았을 것이다. 그런 의미에서 종교는 인간의 죽음 극복법이라고 할 수 있다.

이것 말고 붓다는 더 구체적인 예로 네 가지 고통을 들었다. 우선

19. 죽음이 얼마나 고통스럽고 공포에 가득 찬 체험인가에 대해서는 졸저, 『종교를 넘어선 종교』(사계절, 2005) 혹은 『죽음, 또 하나의 세계』(동아시아, 2006)를 참고하면 좋겠다.

싫어하는 사람(혹은 사물)을 만나야 하는 괴로움이 있고 반대로 사랑하는 사람(혹은 사물)을 만나지 못하는 괴로움이 있으며 원하는 것을 갖지 못하는 괴로움이 있다. 그리고 마지막으로 이렇게 사는 삶 자체가 괴롭다는 것을 들었다. 이 고통을 설명할 때마다 나는 학생들에게 싫어하는 사람을 매일 보는 것과 사랑하는 애인을 보지 못하는 것 중에서 어떤 것이 더 괴롭냐고 물어본다. 그러면 십중팔구 그들은 두 번째 것이 더 괴롭다고 대답한다. 이것은 아직 학생들이 순수해서 나오는 반응이다. 아직 남을 철저하게 미워해 본 경험이 없는 것이다. 사랑하는 사람이 보고 싶은 것은 참을 수 있지만 미워하는 사람을 매일 보는 것은 참을 수 없다는 사실을 몰라서 하는 소리이다. 그렇게 계속 미워하다 보면 몸에 병이 날 수도 있다. 미워하는 사람을 만나는 고통이 네 가지 고통 가운데 가장 먼저 나오는 것도 그 만큼 사람에 대한 증오가 괴롭다는 것을 방증해 주는 것이리라. 어떻든 불교에서는 이 네 가지 고통과 앞의 기본 고통 넷을 합해 팔고(八苦)라고 한다.

이것은 우리 삶 자체가, 실존 자체가 고통이라는 것이다. 그런데 이 고통은 항상 우리의 삶 근저에 도사리고 있다. 우리가 그런 사실을 잊고 살 뿐이지 우리는 이 고통의 위기에서 한번도 벗어난 적이 없다. 이런 상황을 절묘하게 묘사한 이야기가 있다. 이른바 사형수의 비유라는 것으로 이런 비유를 보면 붓다(그리고 예수) 같은 분들이 얼마나 가르치는 데에 능숙한가를 알 수 있다. 더 이상 쉬울 수 없는 얘기로 확실하게 설명을 해주기 때문이다.

> 옛날에 사형수가 한 사람 있었다. 코끼리가 사형을 담당했는데 운 좋게 이 사형수는 도망칠 수 있었다. 그러나 코끼리는 곧 추격을 했고 사형수

는 숨을 곳을 찾다 우물을 발견했다. 줄을 타고 우물 안으로 들어가니 우물 벽에는 독사가 꿈틀거리고 있었다. 더 밑으로 내려갈까 해서 아래를 보니 거기에는 악어가 입을 벌리고 기다리고 있었다. 깜짝 놀란 사형수가 위를 보니 쥐 두 마리가 줄을 갉아먹고 있었다. 이것이야말로 절체절명의 위기이고 진퇴양난의 위기가 아닐 수 없다. 그런데 이때 나무 위에 있는 벌꿀 통에서 꿀이 한 방울씩 사형수 입으로 떨어졌다. 사형수는 꿀을 먹느라 자신이 얼마나 큰 위험에 빠져 있는지 알지 못하고 한없이 단맛에 빠져 들었다.

여기서 사형수는 우리 인간을 나타낸다. 인간은 언젠가는 반드시 죽기 때문에 사형수와 크게 다를 바가 없다. 코끼리가 쫓아오는 것은 죽음이 점점 가까이 오는 것을 의미한다. 그리고 뱀이나 악어나 쥐들은 우리를 끝없는 고통의 나락[20]으로 빠지게 하는 여러 욕망이나 성냄 혹은 어리석음[21] 같은 것들이다. 우리에게는 죽음이 다가오고 있고 살아 있는 동안에는 온갖 갈애나 어리석음 때문에 고통을 당한다. 그러나 꿀이 한 방울씩 떨어져 이런 절박한 위기를 잊게 해주는데 이때 꿀이 상징하는 것은 무엇일까? 이것은 다름 아닌 우리가 살아서 추구하는 모든 것이라 하겠다. 돈 · 명예 · 권력 · 성(性) 등과 같이 세속적인 욕망과 관련된 모든 것을 말한다. 우리는 이런 것에 눈이 팔려서 자신이 얼마나 위험한 상태에 빠져 있는지 모르는 것이다.

이와 비슷한 이야기는 법화경에도 나온다. 이른바 불타는 집[화택,

20. 나락이란 지옥을 뜻하는 '나라카'라는 산스크리트어에서 나왔다.
21. 불교에서 욕심 · 성냄 · 어리석음, 즉 탐진치[貪嗔痴]는 인간을 가장 괴롭히는 세 가지 독으로서 삼독(三毒)이라고 부른다.

火宅]의 비유이다. 법화경에는 7개의 유명한 비유가 나오는데 이 비유는 그중에 하나이다.[22] 이 비유도 앞의 내용과 비슷하다. 집은 불이 나서 목숨이 경각에 처했는데 그 안에 있는 아이들은 불이 난 줄도 모르고 구슬이나 딱지 같은 장난감을 갖고 놀고 있다. 그래서 현자들이 수레를 가지고 나와서 놀자고 유인한다는 이야기이다. 이 아이들은 말할 것도 없이 우리들을 말한다. 그리고 여기 나오는 장난감이란 부동산이나 아파트 투기나 정치인이 되어서 권력을 잡아 보겠다고 하는 등등의 세속적인 일들을 지칭한다. 수레란 불교에서 대승이나 소승이라고 할 때의 승(乘)을 말한다. 수레를 태워서 놀아줄 테니 나오라는 것이다.

첫 번째에서 증상을 이야기했으면 이제 그런 증상이 생기게 된 원인을 살펴보아야 한다. 많이 알려진 것처럼 우리가 이렇게 고통을 겪는 것은 집착 혹은 갈애(渴愛) 때문이다. 쉽게 말해 욕심을 말하는 것인데 이 욕심에는 세 가지가 있다고 한다. 우선 가시적인 차원으로 재물이나 권력 · 성 등에 대한 집착을 들 수 있다. 두 번째로는 보이지 않는 차원으로 이론이나 신념 · 이데올로기에 대한 집착이다. 물론 이런 집착들도 극복하기 어려운 것이지만 세 번째 집착이 가장 넘어서기 힘들다. 이 집착은 자기 자신이 존재하려는 데 대한 집착으로 너무나 미시적인 것이라 극복하기가 힘들다는 것이다.

우리가 욕망을 갖게 되는 것은 내가 존재한다는 것을 알기 때문이

22. 법화경에 나오는 비유 가운데 또 유명한 것은 궁자(窮子), 즉 가난한 사람의 비유이다. 이 비유는 기독교의 경전에 나오는 빈자(貧者)의 비유와 그 골격을 같이 한다. 이 때문에 인도의 철학자이면서 부통령까지 지냈던 라마크리슈난은 기독교가 불교로부터 영향을 받았을 것이라고 추정했다.

다. 이때부터 우리는 자기 중심적인 사고를 하게 되고 그 자기에서 벗어나지 못한다. 내가 존재한다는 개념은 내것이라는 관념을 만들어내고 그때부터 우리는 끝없는 소유욕에 시달리게 된다. 이 욕망은 아무리 해도 채워지지 않는다. 불경에는 전 우주가 금은보화로 되어 있고 그 모든 것이 자기 것이라 해도 인간은 결코 만족하지 못한다고 쓰여 있다. 이것은 목마른 사람이 짠 물을 들이키는 격이다. 마실수록 더 목이 마르다. 우리는 이 욕망으로 몸을 불사른다. 마치 밀랍으로 만들어진 이카루스가 자신의 몸이 녹아 없어지는 것을 모르고 태양에 가까이 가는 것과 같다. 또 자신의 몸이 타는 것도 두려워하지 않고 불속으로 뛰어드는 불나방과 같은 존재가 인간인 것이다.

그러면 이 갈애를 어떻게 제거할 수 있을까? 논리적으로 한다면 세 번째 진리는 이 원인을 제거하는 방법을 제시하는 것이 되어야 한다. 그리고 그 다음으로 나와야 하는 마지막 진리는 모든 문제가 다 사라진 상태, 즉 열반이나 해탈이 되어야 한다. 그런데 이상하게도 전통적으로 이 세 번째와 네 번째 진리가 바뀌어서 세 번째가 열반이 되고 네 번째가 그리로 가는 방법들을 소개하는 것으로 되어 있다. 나는 이 부분을 가르칠 때마다 의심이 들곤 했는데 아직도 확실한 답을 찾지 못했다. 따라서 이번에도 불교의 전통적인 가르침에 따라서 설명을 해보자.

세 번째 진리에 따르면 우리는 어떤 욕심이 생겨도 더 이상 그것에 '끄달리지' 않고 자기에 대해서도 전혀 집착하지 않고 초월할 수 있는 상태에 도달할 수 있다. 이것을 더 단순하게 설명하면, 어떤 생각도 나지 않는 상태를 말한다. 다시 말해 개념화 작용을 시작하면 안 된다는 것이다. 요가학파의 완성자인 파탄잘리가 쓴 요가의 성전인 『요가

수트라』를 보면 첫 문장이 "요가의 목적은 마음 작용을 없애는 데에 있다"고 되어 있다. 마음이 생각을 안 하게 하는 것이다. 생각을 안 하면 어떻게 되느냐고 반문할 사람이 있을 터인데 굳이 다시 설명한다면 생각을 하되 어떤 한 견해에 주착하지 말라는 것이다.[23] 이것 역시 어려운 이야기인데 불교(혹은 종교의 본령)는 아무리 쉽게 말하려 해도 깊이 들어가면 일반인들이 알아듣기 힘든 설명이 많이 나온다. 일상 생활과 너무 다른 이야기들이 많이 나오기 때문이다. 아마도 이 때문에 붓다가 깨친 직후 자기가 깨달은 것을 사람들에게 알릴 것인가에 대해 고민했을 게다. 좌우간 다시 한번 이 상태에 대해 간단하게 말하면 자기를 넘어서서 자기의식을 초월한 상태라고 보면 되겠다(물론 이것도 전혀 간단하지 않다).

마지막 진리야 앞에서 말한 대로 이 열반 상태로 갈 수 있는 방법을 제시하는 것이다. 붓다는 이 방법에 대해 또 너무나 간명한 이야기, 어떻게 보면 하나마나 한 소리를 해서 우리를 혼란에 빠트린다. 붓다에 의하면 우리는 수행을 할 때 중도를 택해야 한다. 이때 말하는 중도가 무엇인가? 우선 수행을 할 때 쾌락에 빠지는 것은 말할 것도 없고 그 반대로 고행에 빠져서도 안 된다. 그래서 중도라는 것이다. 그는 자신의 경험에 의거해 말하길 자신은 궁궐에 있을 때 사람이 누릴 수 있는 온갖 쾌락을 누려보았으나 그런 감각적인 쾌락은 반드시 끝이 있었고 그 다음 번에는 더 강한 자극을 요구하게 되므로 모든 것이 다 허망하다고 술회했다. 그리고 궁을 나와서 수행을 할 때에는 누구도 할 수 없는 고행을 해보았지만 그것 역시 깨닫는 데에 도움이 되지

23. 『금강경』에서 "응해서 주착하는 바가 없이 마음을 내라(應無所住而生其心)"는 것이 그것이다.

금동제경판내합, 금제금강경판, 금동제경판외합 통일신라시대, 국립중앙박물관

않았다고 주장했다. 그래서 중도를 가라고 하는 것이다. 그런데 이 설법은 구체적이지 않아 다소 막연하다. 그 중도라는 게 정확히 어떻게 하라는 것인지 쉽게 들어오지 않는다.

그런데 붓다는 그 다음에 좀더 구체적인 길을 제시한다. 이것이 그 유명한 팔정도(八正道)인데 이 가르침도 너무나 잘 알려진 것이어서 아주 간단하게 일별해 보자. 우선 바른 이해[정견, 正見]부터 시작해서 바른 말[정어, 正語], 바른 행동[정업, 正業], 바른 직업[정명, 正命], 바른 정진[正精進], 바른 주의[정념, 正念], 바른 집중[정정, 正定]이 그것이다. 바르게 한다고 할 때 기준은 아마도 우선 올바른 생활을 해서 자신이 수행하는 데에 도움이 되어야 할 것이고, 모든 행동이 다른 사람 혹은 생명을 해치지 않는 방향으로 가야 할 것으로 생각된다. 좀더 구체적으로 예를 들면, 우선 불교에서 말하는 오계(五戒), 즉 '살생' · '도둑질' · '음행' · '거짓말' · '음주' 등과 같은 악행을 저지르지 않고 더 나아가서 좋은 직업을 가지려 하며 다른 사람들을 위해 살려고 애쓸 뿐만 아니라 반드시 명상 수련을 해야 하는 것이 그것이다.

여기서 내가 강조하고 싶은 것은 이 팔정도 가운데 가장 중요한 것이 제일 처음에 나오는 바른 이해[正見]라는 것이다. 이것을 영어로 번역할 때는 right understanding이라고 하는데 여기에서 불교의 본색이 드러난다. 그래서 이 조항을 팔정도 가운데 가장 처음에 넣은 것이리라. 불교에서는 교리를 이해만 하면 되지 어떤 교리를 믿는다고 고백할 필요가 없다. 그래서 유대교나 기독교, 이슬람교 같은 셈족 종교(Semitic Religions)들에서처럼 믿음에 대한 강조가 없다. 불교에서 믿음을 중요시했다면 이 팔정도에 정신(正信)이 들어가야 했을 것이다.

이렇듯 불교는 대단히 합리적인 종교이다. 게다가 붓다는 자신의 법이 자신이 독창적으로 만들어낸 것이 아니라 이미 선현들이 다 발견한 것이라고 말했다. 이것에 대해 붓다는 유명한 옛 성의 비유를 들어 설명했다. 어떤 사람이 옛 성을 찾으러 갔는데 가까이 가보니 거기에는 이미 다녀간 선현들의 발자국이 있었다. 이미 많은 사람들이 성으로 가는 길을 발견한 것이다. 그 뿐만이 아니다. 앞으로도 많은 사람들이 성을 찾아와서 이 길을 발견할 것이다. 붓다는 자신의 가르침도 바로 이와 같은 것이라고 했다. 이미 선현들이 다 가르쳤던 것들이기 때문에 새로울 게 없다. 이것은 자기 자신의 가르침을 상대화하고 보편화시킨 것이다. '내가 아니면 진리에 도달할 수 없다'느니 '자신만이 길'이라고 주장하는 교리와는 너무 차이가 난다. 불교는 결코 자신만이 유일한 종교라고 주장하지 않는다.

## 불교의 대표적인 교리-무아론과 연기론

이렇게 설법을 하자 다섯 명 중에 한 사람이 깨쳤다고 한다. 붓다는 아직 못 깨친 네 명을 위해 계속 법을 설했는데 이때 다시 설한 가르침이 그 유명한 무아론이다. 이 이론은 불교 교리 가운데 많은 논란을 불러일으켰던 것으로도 유명하다. 이 교리에 대해 내가 없다면 도대체 고통 받는 것은 누구이고 깨달았을 때에도 누가 그 깨달음을 얻게 되는 것인가와 같은 질문이 많이 대두되었다.

이에 대해 불교 쪽에서 나오는 가장 전형적인 대답은 우리가 생각하는 '나'라는 관념이 허구라는 것이다. 우리는 보통 우리가 생각하고 행동할 때 내면에 확고한 자아가 있어 그 자아 개념을 중심으로 살아간다고 생각한다. 그런데 사실상 이런 나는 개념적으로 만들어낸 공화(空花), 즉 '공중에 핀 꽃'과 같은 것이다. 불교를 따르면 이런 나는 없는 것이고 대신 다섯 가지 요소가 서로 합해져서 내가 존재하는 것처럼 보일 뿐이다. 이 다섯 가지란 몸을 구성하는 물질[色, matter], 감각 기관[受, sensation], 지각 기관[想, perception], 의지적인 행위의 주관처[行, volition], 총체적 의식[識, consciousness]을 말하는데 인간이 행하는 모든 것은 이것들이 합해져서 나타나는 것이지 뒤에서 조종하는 그런 '나'는 없다는 것이다.[24]

불교 경전 가운데에 이런 사실을 여실하게 보여주는 것이 있다. 이 경전은 '밀린다왕문경(王問經)'이라는 제목으로 전해지고 있는데 여기서 밀린다왕이란 인도 서북부의 그리스계 문화가 지배하고 있던 지역의 왕을 말한다. 이 지역은 알렉산더 대왕이 식민지를 세운 이래로 계속해서 그리스 문화가 주축을 이루고 있었다. 불교가 인도 서북부로 전파되면서 밀린다왕은 불교 승려들을 만나게 되는데 이 경에서는 나가세나라는 승려와 만나 대화한 것을 적고 있다. 주지하다시피 그리스 철학은 모든 사물에는 실체가 있다는 실체론을 중심으로 이루어져 있다. 이 철학과 무아론 사상이 정면으로 부딪히고 있는데 불교 경전인 만큼 주로 나가세나가 왕을 설득하는 것으로 되어 있다. 나가세나는 이때 수레를 예로 들어 수레에는 수레라고 불릴 만한 실체가 없다고 계속해서 주장한다. 즉 수레란 바퀴나 바퀴살 · 판자 · 밧줄 등과 같은 여러 요소들이 합해져서 그저 수레라는 이름으로 불릴 뿐이지

24. 우리가 지금 '의식'이라는 말을 항용하고 있는데 이것은 이 '식'에서 유래한 단어이다.

수레라는 어떤 실체도 없다는 것이다.

이에 대해 왕은 그럼 불교에서는 인간의 영혼이 윤회한다고 했는데 그때 윤회하는 것은 무엇이냐고 물었다. 자아가 없다면 윤회란 불가능한 것 아니냐고 물은 것으로 지금도 무아론을 비판하는 비불교인들이 가장 많이 던지는 질문이다. 이때 나가세나는 절묘한 비유를 든다. 초가 두 개 있는데 하나는 불이 붙어 있고 다른 하나는 불이 없다. 그런데 불이 없는 초에 불을 붙여 두 초에 불이 다 붙었다고 하자. 그럼 이때 두 초 사이에서 오고 간 것은 무엇인가? 실체적으로는 아무것도 전해진 게 없는데 불이 없던 초에는 불이 생기지 않았는가? 나가세나는 '윤회도 이런 식이다' 라고 설명을 했다. 윤회라는 것도 실체(영혼)가 있어 그것이 생을 바꾸면서 계속 전해지는 것이 아니라 다만 인연만이 제공되어 생이 지속되는 것이라는 것이다.

그러나 아무리 자아가 없다고 해도 질문은 남는다. 내가 없는데 누가 자신이 한 행동에 책임을 질 것이며 누가 수행을 하는 것인가 등등 질문이 끊이지 않는다. 이 문제는 중요한 것이기 때문에 여기에 대해서 간단하게나마 답을 제시해 보자. 우선 불교에서 없다고 주장하는 자아는 평소에 일상 의식으로 생각하는 '나' 로 이것은 환상 속에서 존재하는 것이지 실제로는 존재하는 것이 아니라고 한다. 인간은 자신이 객관적으로 존재한다는 것을 아는 유일한 동물로 각 사람은 '나' 라는 개념을 갖고 있다. 이렇게 생겨난 자아 개념은 우리가 나이를 먹으면서 사회로부터 주입되는 가치관에 의해서 사회적 자아로 성장하게 되는데 불교에 의하면 이런 자아는 진정한 자아와는 관계가 없다. 이것은 마치 모래뿐인 사막에서 생겨나는 신기루 같은 것으로 실체가 없이 끊임없이 변하기만 한다.

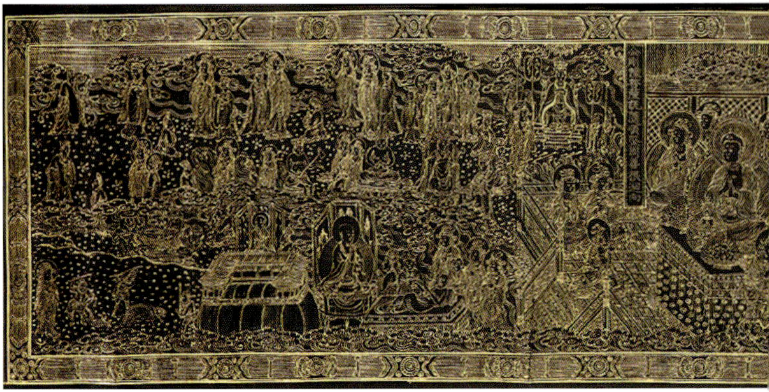

대방광불화엄경전 고려시대, 국립중앙박물관(중박 200705-191)

실제로 우리의 생각은 잠시도 가만히 있지 못하고 계속 변한다. 그것을 변하지 않는 나로 생각하여 집착을 하고 온갖 욕심이나 교만을 부리고 있으니 어리석다는 것이다. 그런 나는 없으므로 집착할 게 없다는 것이 무아론의 핵심이다. 실제로 의식을 집중해서 우리의 마음을 따라가 보면 그 실체를 찾을 수 없다는 것이 불교도들의 전언(傳言)이다(그런데 이렇게 집중하는 일은 너무나 힘든 일이다). 사실 우리의 마음이나 생각은 마치 술 취한 원숭이처럼 가만히 있지 못하고 3초 정도의 짧은 시간 안에 변한다. 그래서 붓다는 언젠가 제자들에게 마음을 자신으로 생각한다면 차라리 몸을 자신으로 생각하라고 했다.

두 번째 지적하고 싶은 것은 이 불교의 무아론을 절대 진리로 받아들여 변할 수 없는 도그마처럼 생각하지 말라는 것이다. 불교는 워낙 탄력적인 종교라 어떤 교리도 절대 진리로 주장하지 않는다. 초기 불교 경전을 보면 붓다가 무아를 설법한 경우도 있고 유아(有我) 혹은 진아(眞我)를 주장한 경우도 있다. 각각의 경우를 보면 사람이 지나치게 자아가 없음을 주장하면 그런 사람에게는 자아가 있다고 말하고 어떤 사람이 자아가 상존(常存)한다고 주장하면 그 사람에게는 무아론을 가르치곤 했다. 그러니까 한 견해에 치우치지 말라는 것인데 진리란 이렇게 상황에 따라 얼마든지 달라질 수 있다는 것을 보여주고 있다. 나는 대학원 시절에 불교의 무아론에 대해 기말 논문을 쓴 적이 있었다. 그때 보니 붓다가 타계하고 초기 200~300년간은 무아론과 유아론이 교단 안에서 같이 얘기되다 그 시간이 지나자 무아론으로 교리가 정해지게 된 것을 알 수 있었다. 이것은 아트만[眞我]의 존재를 기본 교리로 하는 힌두교와 경쟁하면서 차별성을 강조하기 위해 생겨난 조치로 생각된다. 따라서 무아론에 너무 집착할 필요는 없을 것으로 생각된다. 자칫 허무주의로 빠질 수도 있기 때문이다.

무아론과 연관해서 같이 이야기되는 불교의 기본 교리 가운데에는 삼법인(三法印)이라는 것이 있다. 이것을 요샛말로 풀면 "모든 사물에 나타나는, 혹은 모든 사물이 지니고 있는 세 가지 모습" 정도가 되겠다. 삼법인을 보면, 사람에게 자아가 없는 것처럼 모든 사물에도 실체가 없다는 '제법무아(諸法無我)'가 첫 번째이고 두 번째는 변하지 않는 사물은 하나도 없다, 그래서 모든 것이 덧없다고 말하는 '제행무상(諸行無常)'이 있다. 세 번째 모습은 모든 것이 괴로움이라는 '일체개고(一切皆苦)'라고 하는 경우도 있고 열반은 완전한 정(靜)의 상태라는 뜻의 '열반적정(涅槃寂靜)'이라고 하는 경우도 있다. 이것을 이어서 말하면, 사물에는 실체가 없으니 계속해서 변화할 것이고 그 결과 덧없을 터이니 그런 데에 마음을 두게 되면 괴로움만 생긴다. 그러나 그런 사물의 본질을 꿰뚫어 알면 완전한 고요의 상태인 열반에 들 수 있다는 것이다.

불교의 또 다른 대표 교리이면서 무아론이 나오게 되는 배경 혹은 무아론의 논리적 귀결이라 할 만한 교리가 그 유명한 연기론(dependence theory)이다. 이 이론을 보통 불교의 상대성 이론이라고 부르는데 아이슈타인의 그것과는 사뭇 다르다. 이 이론을 따르면 세상에는 절대적인 것이 없다. 모든 사물은 상호관계 속에서만 존재하는 것이라 인연이 되면 만나 일정한 형태를 유지하다 인연이 다하면 흩어지는 것이다. 불교에서 신과 같은 초자연적인 실재를 부정하는 것은 이 연기론이 논리적으로 귀결된 결과이다. 모든 것이 일정한 조건하에서 서로에게 의존하고 있으니 신처럼 독존하는 존재가 있을 수 없는 것이다. 이 연기론을 말할 때마다 나오는 공식이 있는데 그것은 다음과 같은 것이다.

> 이것이 있으므로 저것이 있게 되고
> 이것이 일어나므로 저것이 일어난다.
> 이것이 있지 않음으로 저것이 있지 않게 되고
> 이것이 일어나지 않음으로 저것이 일어나지 않는다.

이것 역시 사성제나 무아론처럼 참으로 단순한 이론이라고 할 수밖에 없는데 후대에 공(空) 사상과 같은 대단히 복잡한 이론도 여기서 출발했으니 모든 것은 쉽고 간단한 데에서 출발한다는 말이 실감난다. 연기론과 비슷한 용어로 인연론이라는 것이 있는데 지금 우리가 일상에서 항용(恒用)하는 인연이라는 말은 여기서 나온 것이다. 이때 '인'은 직접적인 원인을 가리키고 '연'은 간접적인 원인을 가리킨다.

예를 들어 여기 한 그루의 나무가 있다면 이 나무가 생기게 된 직접적인 원인은 씨가 될 것이고 간접적인 원인은 흙이나 물 · 태양 등이 되는데 전자가 인이라면 후자는 연이 되는 것이다. 우주의 모든 사물은 이렇게 복잡한 인연의 그물 속에서 생겨났다 사라졌다 하는 일을 반복하게 된다.

# II 불교는 어떻게 발전했을까?



보살이란 산스크리트어로 보디사트바라고 하는데 이는 직역하면 '깨달음을 위한 존재'라고 할 수 있다. 이들은 거의 깨달음을 얻은 것이나 다름없는데 중생들을 구하기 위해 자신들의 깨달음을 미루고 중생들 사이로 뛰어든 거룩한 존재들이다. 이들이 외친 가장 유명한 슬로건은 "사바세계에 중생들이 하나라도 남아 있는 한 나는 깨닫지 않겠다"는 것이다. 마지막 중생까지 구하기 위해 이 힘든 고해에 있겠다는 것이다. 참으로 지독한 자비정신이라고 하겠다.

금동아미타삼존불좌상 통일신라시대, 국립경주박물관(중박 200705-191)

## 승가의 형성과 붓다의 입멸

불교의 전승에 의하면 이런 붓다의 설법이 끝나자 다른 네 명의 동료도 깨침을 얻었다고 한다. 이렇게 해서 다섯 사람은 붓다의 제자가 되었고 여기에서 불교 최초의 승가(僧伽, 원래 발음은 '상가')가 형성된다. 지금 우리가 승려라고 하는 것이나 승단이라는 것은 모두 이 단어에서 출발한 것들이다. 다섯 사람으로 시작해서 후대 2,500여 년 동안 수없이 많은 불교도들이 탄생하게 된다. 그런데 여기서 반드시 짚고 나가야 할 것은 이 승단이 지금 우리가 알고 있는 것처럼 결코 승려들만을 지칭하는 것이 아니라는 것이다. 불교에서 말하는 신앙공동체란 남녀 승려뿐만 아니라 남녀 신도들까지 포함이 되는데 이 전체를 통틀어서 승가라고 하는 것이다.

한국의 불교도들은 법당에 들어가서 예불을 할 때 세 번 절을 하는데 이것은 불교에서 말하는 삼보(三寶), 즉 불 · 법 · 승에게 한 번씩 예를 표하느라고 그렇게 하는 것이다. 불 · 법 · 승이란 말 그대로 붓다와 그의 가르침, 그리고 그의 가르침을 좇는 승가를 말하는데 이 승가가 바로 남녀 승려와 신도로 구성된 불교 공동체를 말한다. 그런데 한국 승려들은 신도들로부터 세 번의 절을 받는 경우가 있는데 이는 아주 잘못된 것이다. 세 번이라는 것은 불 · 법 · 승 모두에게 할 때에만 그렇게 하는 것이고 그중의 하나인 승에게 할 때에는 한 번만 해야 되기 때문이다. 그것도 승려가 그냥 받아서는 안 되고 같이 예를 갖추어야 한다.

어떻든 이렇게 해서 승가가 형성되었고 그 뒤 붓다의 제자들은 대단히 빠른 속도로 늘어났다. 그 자세한 이야기는 다 할 길이 없고 그럴 필요도 없을 게다. 워낙 큰 스승, 아니 최고의 스승이었기에 많은 사람들이 붓다의 제자가 되는 것은 당연한 일이었을 것이다. 예수는 자신의 고향에서 인정받지 못했지만 붓다의 경우는 전혀 그런 게 없었다. 스승을 워낙 존경하는 인도였던 까닭도 있겠지만[25] 붓다를 거부한 지역은 없었다. 붓다는 또 자신의 집안을 제도한 것으로도 유명하다. 붓다의 아버지는 자기 아들이 깨쳤다는 소식을 듣고 계속해서 사람을 보냈지만 이들은 모두 붓다의 제자가 되어 왕국과 인연을 끊는다. 어느 날 붓다는 육신의 아버지인 정반왕을 제도할 때가 되었다고 생각해 무려 제자 2만 명(?)을 이끌고 카필라 왕국으로 온다. 붓다는 아버지를 위시해 양어머니(이모) · 부인 · 아들 · 사촌 등을 모두 승가 공동체로 받아들인다. 이때 아들인 라훌라와 사촌동생인 아난다(阿難陀),[26] 그리고 그의 동생인 데바닷다(提婆撻多)는 아예 출가를 단행해서 붓다의 제자가 된다.

아난다는 붓다의 시자(侍者)로서 평생을 다한 제자이다. 요즘 한국 불교에서 하는 말로 하면 '상좌(上座)'라 할 수 있고 시쳇말로 하면 비서실장 정도쯤 되겠다. 아마 아난다는 한 번도 붓다 곁을 떠난 적이

25. 당시 인도에서는 길에서 만일 스승과 부친을 같이 만나면 아버지보다 먼저 스승의 발에 입맞추는 예를 표명해야 했다.
26. 아난다는 북방 불교 안에서는 보통 아난존자로 불린다.

없었을 것이다. 그가 불교사에서 중요한 인물로 기억되는 것은 붓다의 비서를 지냈기 때문이 아니라 불교 경전을 만드는 데에 최고의 공을 세웠기 때문이다. 불교 경전은 붓다가 타계한 뒤 곧 만들어지는데 이때 아난다는 자신이 평생 동안 붓다에게서 들은 가르침을 다 토해낸다. 경전을 결집할 때 아난다가 술회하고 같이 모인 비구들이 동의하면 그 가르침은 경전으로 편입되는 형식을 따랐다고 한다. 불교 경전이 항상 "나는 이렇게 들었다[여시아문, 如是我聞]"로 시작하는 것은 아난다가 붓다에게서 들었던 것을 이야기하고 다른 승려들이 만장일치로 동의하면 경전 구절로 인정되었기 때문에 생긴 불교의 독특한 경전 양식이다.

그런데 이상하게도 아난다는 불교사에서 유약한 인간으로 묘사되는 경우가 많다. 경전을 결집할 때에도 처음에는 빠졌다가 나중에 어쩔 수 없어서 참여시킨 것처럼 묘사된다. 그리고 그가 어떤 여인의 유혹에 빠져 넘어가려는 것을 붓다가 신통력으로 구했다는 이야기도 전해진다. 그런가 하면 여성 출가 문제에서도 아난다가 공연히 중개를 서서 교단을 혼란에 빠트린 것처럼 묘사되고 있는 것도 같은 예에 속한다고 하겠다. 사정이 이렇게 된 데에 대한 확실한 연유는 알 수 없지만 아난다가 항상 붓다의 곁에 있는 것을 시기한 무리들이 만들어낸 이야기가 아닐까 하는 추측을 해본다.

그런가 하면 아난다의 동생인 데바닷다는 초기 교단에서 거의 사탄에 버금가는 인물로 나온다. 왜냐하면 사촌형인 붓다를 죽이려는 시도를 여러 차례 한 것으로 묘사되기 때문이다. 사태가 이렇게 악화된 것은 그가 붓다에게 승단의 운영권을 요구하자 붓다가 거절해서 생긴 것이라고 한다. 이리저리 해도 먹히지 않으니까 데바닷다는 자기를 따르는 제자들을 이끌고 분종(分宗)을 감행한 것으로 알려져 있다. 그 사실 여부는 알 수 없지만 여기에서도 데바닷다가 희생양으로 등장한 것이 아닌가 하는 시각이 있다. 아마 교단의 실세들과 세를 겨루다 참패하게 되니까 후대의 기록에서 그를 아주 사악한 인물로 묘사한 것이라는 것이다. 이런 초기 승단 이야기를 들어보면 사람 사는 모습은 어디나 다 똑같다는 생각이 든다. 그런데 『법화경』(제12장 '제바달다' 품)을 보면 붓다는 데바닷다가 비록 자신을 해치려고 했지만 대단히 훌륭한 스승이고 앞으로 깨달을 것이라는 예언을 하는 설명이 나온다. 이런 해석이 데바닷다가 사실은 훌륭한 제자였는데 아난다처럼 질시를 받아서 이렇게 부정적으로 묘사된 것 아니겠느냐는 추측의 근거가 된다. 아난다나 데바닷다가 모두 붓다의 가까운 친족이라 이런 시기를 받지 않았나 하는 생각도 든다.

다음 이야기는 '야소다라' 라는 이름의 라훌라 어머니, 즉 붓다의 아내와 관계된 이야기이다. 이 여인도 세속적으로 보면 그다지 성공한 것은 아니다. 하나밖에 없는 남편이 아들 하나 놔두고 집을 나가버렸으니 생과부가 된 셈이다. 그 때문일 것 같은데 야소다라는 처음에는 '다시는 자신을 버린 남편을 안 보겠다' 며 붓다를 매우 원망했다는 설이 있다.[27] 그래서 그랬던지 붓다가 깨닫고 난 뒤 왕궁으로 돌아왔을 때 야소다라는 나와 보지도 않았다고 한다. 그런 사실을 간파한 붓다는 자신이 직접 야소다라의 처소로 찾아간다. 이것도 흥미로운 광경이다. 전 우주의 영웅인 붓다가 직접 찾아가 그 마음을 달래준 여인,

27. 이 이야기는 대학원 시절에 필자의 지도교수 중 한 분이었던 야다브라는 인도인에게 들은 이야기이다.

그가 바로 야소다라였다. 추측이지만 붓다는 야소다라의 불편한 마음을 이미 헤아리고 한때나마 부부의 연을 맺었던 여인에 대해 최고의 서비스를 한 건 아닌지 모르겠다. 어떻든 사정이 이렇게 되니까 야소다라도 감읍하지 않을 수 없었을 것이다. 그래서 그랬는지 그도 붓다의 제자가 되었고 나중에 붓다의 양어머니와 더불어 출가를 한다. 붓다는 자신의 처에게도 결코 무관심하지 않고 제도를 한 셈이 다.

그 다음 인물 역시 불교사에서 매우 주목을 받는 인물이다. 주인공은 붓다의 양어머니이자 이모로서 붓다를 키운 사람이다. 이 여인은 불교사상 최초의 비구니로 기록되는 사람이다. 이 사람이 출가하는 과정을 보면 또 석연치 않은 점이 발견된다. 붓다가 왕궁에 다녀간 뒤의 일일 터인데 붓다의 양어머니는 계속 붓다에게 출가할 뜻을 밝혔다. 이것을 중재한 이가 바로 아난다였는데 비구니를 받아들이자는 아난다의 청은 번번이 붓다에 의해 거절되었다.

그렇게 하기를 수차례, 결국 붓다는 허락을 하고 만다. 당시의 상황을 알리는 경전을 보면, 붓다는 여성을 출가시키면 자신의 법의 수명이 반으로 줄어들 것이라는 이해 못할 이야기를 남긴 것으로 되어 있다. 그런데 이것은 붓다와 같은 성인이 보여준 태도라고 보기에는 용렬하기 그지없다. 자고로 성인들이란 자신이나 자신이 가르친 것을 남기려는 데에 전혀 관심이 없는 법인데 여기서 붓다는 일반 범부처럼 자신의 교단에 대한 강한 집착을 보여준다. 붓다나 예수 같은 성인들은 책조차 한 권 남기지 않을 정도로 족적 남기기를 기피하는데 붓다의 태도는 전혀 반대의 모습을 보이기 때문에 이해할 수 없다는 것이다. 이런 붓다의 모습은 아마도 후대에 보수적인 남자 승려들이 고의적으로 끼워 넣지 않았나 하는 생각이 든다.

이해가 안 되는 점은 후에 확정되는 비구니계에서도 나타난다. 비구계는 250계로 구성된 반면 비구니계는 40%가 많은 348계라는 것도 그렇고 그 내용도 상식 이하의 것이 있어 의구심을 자아낸다. 예를 들어 아무리 오래 전에 출가한 비구니라도 갓 출가한 비구에게 반드시 예를 갖추어야 한다거나 비구가 비구니에게 말을 거는 것은 괜찮아도 비구니가 비구에게 말을 거는 것은 안 된다는 등 이해할 수 없는 것들이 많다. 또 비구니를 추방할 수 있는 죄목을 보면 더 의아한 점이 많다. 예를 들어 비구니가 비구의 목 아랫부분이나 무릎 윗부분을 만지거나 껴안는 일을 하면 출교시킬 수 있다는 것이 그런 것이다. 이런 설정이 얼마나 어이가 없는가 하는 것은 더 이상의 설명이 필요 없을 게다(사실 여자보다 남자가 이런 일을 할 확률이 훨씬 더 많지 않은가?).

그런데 붓다가 모든 인간은 평등하다면서 인도의 사성 제도(카스트 제도)를 부정한 유명한 일화는 우리 모두가 아는 사실이다. 야스퍼스도 보편적인, 너무나 보편적인 인간이라고 했던 붓다가 여성 출가 문제에서만 이렇게 중도를 벗어나는 견해를 가질 리가 없다. 따라서 이런 반여성적인 표현들은 후대에 교단을 장악한 비구들이 집어넣었을 가능성이 크다고 할 수 있다. 후일담이지만 붓다 입멸 후 아난다는 여성들을 출가시켰다는 이유로 많은 질타를 받게 되는데 이것 역시 당시의 분위기를 알 수 있게 해준다. 어떻든 이렇게 해서 한번 여성 출가의 길이 열리자 많은 여성들에게 불교의 문이 열렸다. 그래서 불교 교단사를 보면 초기에 비구니로서 장로의 지위에 있던 사람들의 숫자가 71명이나 되는 것을 알 수 있다. 이렇게 보면 불교는 세계 종교 가운데 여성에게 가장 관대한 종교라 할 수 있다. 적어도 여성들이 사제

(혹은 수행자)가 될 수 있게끔 문호를 개방했기 때문이다.

이렇게 불교는 문호를 활짝 열어 놓았기 때문에 수많은 제자들이 몰려들었다. 그중에 가장 고제(高弟)들을 보통 10대 제자라고 부르는데 이들은 실존 인물이며 지금 우리나라 절에 가도 이들의 상을 발견할 수 있다. 기독교로 말하면 예수의 12사도에 해당된다고 할 수 있겠다. 예수의 12제자도 모두 남자였듯이 붓다의 10대 제자도 모두 남자로 구성되어 있다. 열 명의 최고 제자들은 붓다가 법을 편 초기에 다 모여들게 된다. 물론 그중에 최고의 수제자는 '가섭존자' 라 불리는 '카샤파' 였다. 가섭은 불교의 유명한 설화인 '염화시중의 미소' 나 '이심전심' 에피소드에 주인공으로 나오는 사람이다.

이들에 대한 상이 가장 잘 모셔져 있는 곳은 다름 아닌 석굴암이다. 이 십대 제자들은 본존불 뒤 양 옆으로 포진되어 있는데 그 가운데에는 십일면관세음보살이 모셔져 있다. 이 제자들이 관음보살과 같이 있는 것을 보면 불교 교단 내에서 이들이 아주 높이 평가되고 있는 것을 알 수 있다. 지혜 제일로는 사리불이라는 제자가 있었는데 이 사람은 불행하게도 젊어서 죽게 된다. 붓다는 그를 매우 사랑해서 그가 죽은 다음에도 그의 자리를 비워놓고 항상 그리워했다고 한다. 이 이야기는 깨달은 성자들도 인간적인 감정을 가지고 있다는 것을 방증하려 할 때 자주 인용된다.

그리고 절에 가면 나한전(羅漢殿)이라는 건물을 종종 발견할 수 있는데 이 건물 안을 보면 보통 16나한 혹은 500나한의 형식으로 작은 상들을 여럿 모셔 놓은 것을 볼 수 있다. 이들은 10대 제자들처럼 실존 인물이라기보다는 다분히 설화적인 존재들이다. 나한이란 원래는 '아르하트' 라고 불리는 존재들인데 중국에서 음역하여 '아라한' 이 되

나한전 꽃살무늬  금산사, 이창호 사진

었고 이것이 줄어서 '나한'이 된 것이다. 그러나 원래 아라한은 원시 불교 혹은 상좌 불교에서는 깨친 사람을 의미한다. 그러던 것이 대승에서는 보살에 밀려 그 밑의 단계로 격하되었다. 간단하게 보면 나한이란 10대 제자들을 제외하고 붓다의 제자들 가운데 가장 높은 경지에 올라간 사람들이라고 생각하면 되겠다.

이렇게 많은 제자들을 둔 붓다는 여타의 각자답지 않게 열정적으로 자신의 법을 전파해 갔다. 그는 제자들로 하여금 선교를 보낼 때에도 한 방향으로 두 명을 보내지 않았다고 한다. 한 명씩만 보내어 더 많은 지역에 자신의 법이 전교될 수 있도록 한 것이다. 그렇게 하길 40여 년. 인도의 북부(특히 동북부) 지방에는 불교가 뿌리를 내리게 된다. 이렇게 오랜 기간 동안 붓다가 무슨 일을 했는지를 일일이 다 언급할 필요는 없을 게다. 워낙 많은 일이 있었기 때문에 그것을 세세하게 다 보는 것보다 그의 가르침과 연관된 것을 중심으로 보는 편이 나을 것 같다.

붓다는 물론 자신의 입멸에 대해 예언을 했다. 그는 마지막으로 금세공을 하는 춘다라는 사람이 바친 음식물을 먹었는데 아마 상한 음식이었던 모양이다. 붓다는 이것을 빌미로 열반에 들어갈 준비를 한다. 내 개인적인 생각이지만 이 상한 음식이 붓다가 죽음을 준비하는 하나의 계기를 만들어 준 것으로 보인다(불가에서는 일단 공양으로 선사된 음식은 무엇이든 거절하면 안 되는 것으로 되어 있다). 붓다는 각자답게 자신의 죽음을 철저하게 준비했다. 장례식을 어떻게 해야 하며 자신이 간 뒤 수행은 어찌 해야 하는가에 대해 자세하게 지시를 내렸다. 물론 자기가 죽은 뒤에도 자신이 가르친 법에 따라 수행하면 된다고 제자들을 안심시켰다. 그리고 "모든 것은 덧없다. 게을리하지

석가모니 열반도　황보근영 사진

말고 부지런히 정진하라"는 마지막 말을 남기고 그는 괴로운 육신을 벗는다. 이때 제자들 가운데에는 스승을 잃은 슬픔에 큰 충격을 받고 어찌할 바를 모르는 제자들도 있었고 담담하게 받아들인 사람들도 있었던 모양이다. 어떤 노승은 붓다가 죽자마자 '이제 늙은 잔소리꾼이 죽었다' 하는 식으로 붓다의 죽음을 반겼다는 이야기도 있다. 이런 이야기를 통해 우리는 붓다의 교단이라고 해서 전혀 문제가 없었던 것은 아니었음을 알 수 있다.

팔상도 가운데 붓다의 임종을 그린 마지막 그림을 보면 아주 재미있다. 그림 가운데에는 석가모니를 모셔놓은 관이 있는데 이상스럽게도 관 밖으로 석가의 발이 나와 있다. 불교 교단 내에서 내려오는 전승에 의하면 붓다가 열반에 들 당시 수제자였던 가섭이 그가 입멸한 다음에야 도착했다고 한다. 그러자 붓다는 죽었음에도 불구하고 발을 관 바깥으로 내밀어 늦게 도착한 제자를 맞았다고 한다. 붓다의 발은 보통 불가에서 붓다의 상징으로도 사용되기 때문에 그것의 연장으로 나온 이야기 같기는 한데 자세한 내막은 알 수가 없다. 그런데 붓다의 관을 둘러싸고 우는 제자들이 모습이 마치 아이들처럼 묘사되어 있어 재미있다. 그의 제자들이라면 깨쳤거나 아니면 거의 깨친 사람들일 텐데 스승이 입멸했다고 애들처럼 우는 게 재미있다는 것이다.

이렇게 해서 붓다가 입멸하자 제자들과 그 주변 사람들은 붓다의 시신을 그가 부탁했던 대로 7일째 되는 날 화장을 하고 남은 것은 주변의 여러 나라로 나누어주었다. 이때 불교 역사상 최초로 탑이 나타나는데 탑이란 붓다의 유골(사리)을 봉안하는 특수한 건축물을 말한다. 탑의 원명은 스투파인데 이것을 한문으로 탑파(塔婆)로 음역했다가 줄여서 탑이 된 것이다. 그러니까 탑이란 아주 간단하게 말하면 붓다의 무덤을 말한다. 탑이란 원래 붓다의 사리만을 봉안할 수 있는 것이다. 그런데 한국의 사찰에 가면 수없이 많은 탑들을 발견할 수 있는데 이것은 어찌 된 일일까? 그렇게 많은 탑에 봉안할 수 있을 정도로 붓다의 사리가 많은 것일까? 그렇지는 않을 것이다.

나중에 다시 언급하겠지만 불멸 후 약 500년까지는 불상이 생기지 않았다. 따라서 이 500년 동안에는 신앙의 대상이 붓다의 유골이 들어 있는 탑이 될 수밖에 없었다. 초기의 절의 모습은 지금과 비교해 보면 아주 간단했다. 지금의 절에서 볼 수 있는 것처럼 법당은 없었고–불상이 생기기 이전이니 법당은 필요 없었다–단지 승려들의 숙소('비하라' 라고 부름)와 탑이 있었을 뿐이었다. 그래서 승려들은 정해진 시간에 탑에 가서 예불하고 나머지 시간은 숙소에서 수행에 힘썼을 것이다. 지금과 달리 절의 구조가 단순할 수밖에 없었던 것은 아직은 다양한 붓다가 출현한 것도 아니고 복잡한 보살신앙이 나오기 이전이라 그랬을 것으로 생각된다.

이런 전통은 불교 교단 내에서 상당히 오래 지속되었던 것 같다. 불교 신앙의 중심은 불상이 있는 법당이 생기면서 서서히 탑에서 불상으로 옮겨 가게 된다. 그러나 여전히 탑에 대한 신앙은 수그러들지 않았다. 이 사정은 초기의 절 구조를 보면 알 수 있는데 가령 탑이 불상이 있는 법당에 비해 굉장히 큰 경우가 많이 발견된다. 이것은 탑신앙이 아직 남아 있다는 것을 뜻한다. 우리나라에도 고구려나 백제의 초기 사찰들을 보면 탑이 굉장히 컸음을 알 수 있다. 아주 적당한 예는 아니지만 황룡사에 있던 80m 높이의 목탑이나 익산 미륵사에 있는 석탑이 그런 예에 가깝다고 할 수 있다. 또 이웃 나라 일본 오사카에

미륵사지 석탑 이창호 사진

있는 사천왕사도 이런 예에 속한다고 할 수 있다. 그러나 후대로 내려오면서 탑보다 불상을 더 신앙하게 되고 그 결과 탑은 법당에 비해 왜소하게 변해 간다. 그래서 고려 후기나 조선조를 보면 법당과 견줄 수 있는 큰 탑을 만드는 경우는 거의 발견할 수 없게 된다. 신앙의 중심이 완전히 법당으로 옮겨 간 것이다.

인도의 탑은 붓다의 무덤답게 둥그렇게 생겼는데 중국으로 오면 모양이 완전히 바뀌어 버린다. 보통 중국 탑은 전탑(塼塔), 그러니까 벽

돌 탑이 주를 이루고 있다. 그 반면 한국의 경우는 석탑 위주로 되어 있다.[28] 일본은 또 다르다. 목탑이 주류를 이루고 있기 때문이다. 우리나라에 지금 남아 있는 목탑으로는 법주사의 팔상전밖에 없다.[29] 우리의 석탑은 중국의 전탑을 그대로 돌의 형태로 바꾼 것인데 전탑이든 석탑이든 탑은 과연 어떤 개념에 따라 지은 것일까? 중국에서 발달한 탑은 한마디로 말해 집의 형태를 띤다. 그러니까 다시 말해서 탑이 부처님의 무덤이 아니라 집이 된 것이다. 그래서 우리나라 탑들 역시 그 구조가 모두 집의 구조와 비슷하게 되어 있는 것이다. 아마도 탑을 부처님이 사는 집 정도로 생각했던 것 같다.

절에는 탑과 비슷하게 생긴 것이 또 하나 있다. 이것은 보통 절 앞에 있는데 특별한 경우에는 절 뒤쪽에 있는 경우도 있다. 무엇일까? 바로 부도(浮屠)[30]가 그것이다. 부도는 조선 후기에는 종 모양의 것이 많은데 이것 역시 모두 돌로 만든다. 절 입구에 가면 종 모양의 돌들을 여러 개 모아놓은 것을 볼 수 있는데 이것이 바로 부도이다. 부도란 무엇일까? 탑이 부처님의 무덤이라면 부도는 스님들의 무덤이다. 스님들이 열반하면 붓다의 경우와 같이 화장해서 남은 사리를 모아 돌로 만든 부도 안에 안치하는 것이다. 스님들 사리는 결코 탑 안에는 봉안할 수 없다. 가령 국보로 지정된 고려시대 국사들의 부도-이것은 경복궁 안뜰에 많다!-가 아무리 훌륭하고 화려하다 해도 그것은 부도

28. 우리나라에도 벽돌 탑이 몇 기 남아 있는데 주로 안동이나 의성과 같이 경북 지역에 전해 내려온다.
29. 목탑은 전남 쌍봉사에도 있었지만 안타깝게도 화재로 전소되었다가 똑같은 형태로 새로 지었다. 따라서 원본 목탑은 법주사에 있는 팔상전뿐이라 할 수 있다.
30. 원래 부도란 붓다를 음역한 것이다.

부도

일 뿐이지 탑이 될 수는 없다.

지금까지 불교의 교주인 붓다에 대해서 보았으니 이제는 불교의 발달사에 대해 보아야 한다. 불교의 역사는 2,500년이 넘는 엄청난 세월 동안 전개되었기 때문에 이것을 다 본다는 것은 애당초 불가능하다. 그리고 이 책은 한국 불교를 알기 위해 쓰여진 책이므로 불교사 전체를 다 볼 필요도 없다. 따라서 우리는 한국 불교와 관계되는 사안을 중심으로 간략하게 불교의 전개를 보고자 한다.

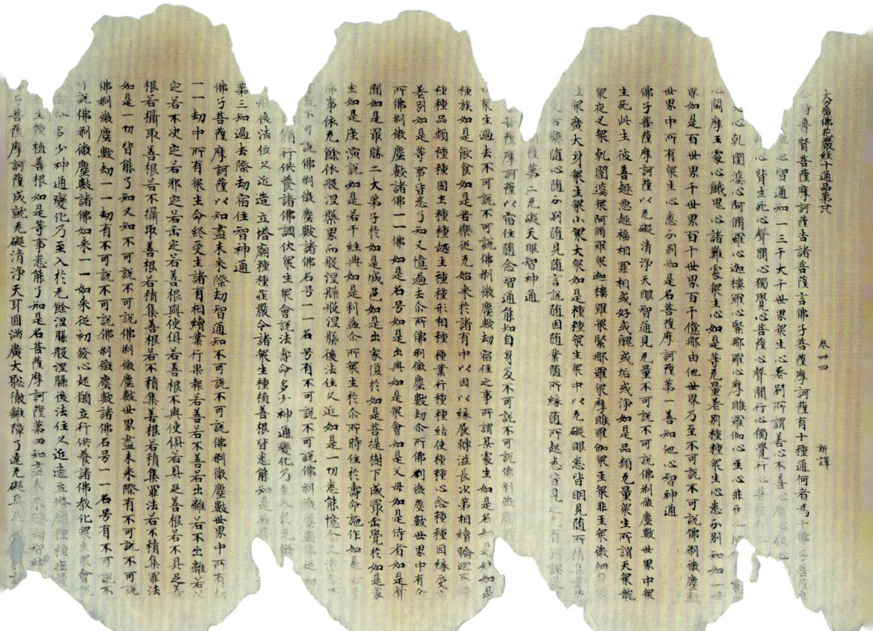

신라백지묵서 대방광불화엄경 통일신라시대, 국보 제196호, 삼성미술관 리움

## 초기 불교의 전개

한국에 들어온 불교는 잘 알려져 있는 것처럼 북방 불교, 즉 대승불교이다. 따라서 우리는 이 불교를 중심으로 보게 될 것인데 그러기에 앞서 대승불교가 생기기 이전의 불교의 모습에 대해 아주 간단하게 살펴보자. 초기의 사건 가운데 가장 눈에 띄는 사건이 있다면 그것은 불교 경전의 형성일 것이다. 불교의 경우에는 붓다의 제자들이 워낙 뛰어났기 때문에 경전 만드는 데에 별 문제가 없었다. 붓다가 입멸하자 제자들은 곧 경전 만들기 작업에 착수했다. 우선 아난다나 다른 승려들이 자신들이 붓다에게서 들은 것을 큰 소리로 말하면 경전 만들기 위원회 위원에 해당하는 승려들이 꼼꼼히 살펴본다. 그리고 그 승려들이 '이것은 틀림없이 붓다가 말씀하신 것' 이라고 전부 동의하면 경전으로 인정이 되었다. 승려들의 수준이 높았을 뿐만 아니라 많은 승려들의 승인을 받은 다음에야 인정되었기 때문에 경전의 권위는 확고했다.[31]

31. 그러나 불경이 문자화되는 것은 기원전 247년에 있었던 제3차 결집 때의 일이다. 당시 인도는 불교 최대의 호법 군주였던 아쇼카 왕이 지배하고 있었다. 이 결집 역시 아쇼카 왕의 후원 아래 가능하게 된 것이다. 이때 경이 결집되었지만 지금 현존하는 가장 오래 된 경전과는 많이 다르다. 현재 현존하는 것 가운데에서 가장 오래된 팔리어 경전은 그 형성 시기를 대략 5세기 정도로 잡고 있으니 아쇼카 왕의 시기와는 700년 이상 격해 있다.

경전과 관련해서 알아야 할 것은 불교의 경전을 대장경(大藏經)이라고 부르고 이것을 산스크리트어로는 '트리피타카' 라고 부른다는 사실이다.[32] 트리피타카는 바구니라는 뜻으로 경을 넣어서 보관했기 때문에 붙여진 이름이다. 초기의 경전들은 야자수 나뭇잎에 글을 적어 이 바구니에 넣어 보관했기에 '저장한다' 의 의미로 장(藏)이라는 글자를 써서 '대장경' 이라고 했다.

그러면 대장경은 어떻게 구성되어 있을까? 크게 보면 경 · 율 · 논으로 나눌 수 있는데 이 셋을 합쳐서 삼장(三藏)이라고 말한다. 여기서 가장 먼저 나오는 '경' 이란 제일 중요한 것으로서 붓다가 직접 이야기한 것을 말한다. 반면에 '율' 은 승단이 발전하면서 생겨난, 승려들이 지켜야 할 계율에 대한 것이다. 그리고 마지막으로 '논' 이란 불교에서 중요한 여러 주제에 대해 후대의 덕 높은 스님들이 쓴 주석서 같은 것을 말한다. 이것은 부처님이 직접 설한 것은 아니지만 그 정도의 권위를 가진 글에 한해서만 인정하는 것이다. 우리는 『서유기』와 같은 중국의 소설에서 삼장법사라는 이름을 많이 들었는데 이때 삼장법사란 고유명사가 아니라 보통명사이다. 즉 경 · 율 · 논 삼장을 통달한 최고의 승려에게 붙이는 이름이 삼장법사인 것이다.

붓다의 입멸 후 어느 정도의 세월이 지나자 분파가 생기기 시작했다. 시간이나 사물의 가장 작은 단위와 같은 철학적인 주제에 대해서 이견(異見)이 생긴 경우도 있었고 승려들은 계율상 음식을 보관할 수 없지만 소금은 예외로 해야 되지 않는가와 같은 실제적인 문제에 대해서도 이견이 있으면서 분파가 생겨났다. 이렇게 분파가 생겨나는 과정

32. 그래서 고려대장경은 보통 '트리피타카 코리아나' 라고 불린다.

도 수백 년에 걸쳐 진행되었는데 분파는 계속 늘어나 20개 남짓한 교파가 생기게 된다. 이와 같이 많은 종파가 생겨나면서 계속 발전을 거듭했는데 불교는 아무래도 깨달음을 목표로 하는 종교인지라 주로 수행을 전업으로 하는 승려 중심의 불교가 주류를 이루게 되었다.

그러던 중 기원전 1세기경 이러한 개인적이고 소수의 승려 중심적이며 사변에 지나치게 기울어져 있는 불교에 대한 반성의 목소리가 커지기 시작했다. 이것이 대승불교의 발단을 이루게 되는데 처음에 이 운동을 시작한 젊은 승려들은 본인들이 새로운 불교를 만들 것이라고는 생각하지 못하였다고 한다. 그러다 이 운동이 본격적으로 전개되었고 나중에 그것을 포괄적으로 표현해서 대승이라고 부르게 된다. 그들은 그 이전의 불교를 소승, 즉 작은 수레라고 불렀는데 이 용어를 쓰는 것은 옳지 않다고 이미 언급했다. 여기서 우리는 대승불교의 특징을 둘로 나누어 보겠다. 실천적인 면과 사상적인 면이 그것인데 이 두 면은 지금도 우리에게 강한 영향을 미치고 있기 때문이다.

**지장도** 고려시대, 삼성미술관 리움

# 대승의 출현과 그 대강의 모습

## 실천적 대승 사상 1 : 보살의 출현

대승 사상이 일어났을 때 개혁적인 젊은 승려들이 가장 많은 비판을 했던 것은 나이가 많은 승려들의 폐쇄성이었다. 장로 혹은 상좌로 불렸던 이들은–그래서 이들의 불교를 테라바다(Theravada) 불교, 즉 상좌 불교 혹은 장로 불교라고 부른다–붓다의 본원(本願)이었던 가르침의 나눔에 대해서 소극적인 것처럼 보였던 것이다. 개혁 승려들이 보기에 이런 태도는 붓다의 원 취지에 어긋나는 것이었다. 붓다는 오로지 중생 구제라는 일념 아래 괴로운 사바세계의 생활을 40년 이상을 하면서 조금도 쉬지 않고 이웃들을 위해 가르침을 베풀었는데 늙은 승려들은 이에 반하는 생활을 한다는 것이었다. 그래서 만들어낸 게 바로 보살이라는 상상적인 존재였다.

보살이란 산스크리트어로 보디사트바라고 하는데 이는 직역하면 '깨달음을 위한 존재'라고 할 수 있다. 이들은 거의 깨달음을 얻은 것이나 다름없는데 중생들을 구하기 위해 자신들의 깨달음을 미루고 중생들 사이로 뛰어든 거룩한 존재들이다. 이들이 외친 가장 유명한 슬로건은 "사바세계에 중생들이 하나라도 남아 있는 한 나는 깨닫지 않겠다"는 것이다. 마지막 중생까지 구하기 위해 이 힘든 고해에 있겠다는 것이다. 참으로 지독한 자비 정신이라고 하겠다. 이렇게 해서 많은 보살들이 나오게 되는데 예를 들어 지장보살 같은 이는 지옥에 있는 중생들의 구제를 맡았다. 이 보살은 일부러 지옥에 있으면서 마지막 지옥의 거주자를 구한 다음에야 그곳을 빠져나오겠다고 서원을 했다.[33] 그래서 지금도 한국의 절에 가면 죽은 이들을 모시는 명부전(冥府殿)에는 지장보살을 모신 곳이 많다. 지장보살은 다른 보살과는 달리 관을 쓰지 않고 머리를 초록색으로 칠해 놓았는데 그 이유는 잘 모르겠다. 어쨌든 이러한 보살들의 서원은 참으로 대단한 것이다. 그들은 깨달음으로 바로 들어가 지락(至樂, ultimate happiness)을 누릴 수 있는데도 그것을 포기하였기 때문이다.

보살 중에 가장 대표적인 보살은 말할 것도 없이 관세음보살이다. 이 보살은 줄여서 관음보살이라고도 하는데 이는 '중생들이 고통에 지쳐 가냘픈 소리로 신음하는 것을 내려다본다'는 뜻으로 새길 수 있다.[34] 전통적인 불교도들은 '나무관세음보살'이라는 말을 입에 달고 사는데 이것을 통해 우리는 관음보살이 매우 인기가 높은 보살이었음을 알 수 있다. 그것은 이 보살이 자비의 마음을 대표하기 때문일 것이다. 그래서 대자대비(大慈大悲)의 존재라 불린다. 말 그대로 '기쁨도 아픔도 중생과 함께'가 된다. 우리들의 기쁨을 책임져 주는 것도 좋지만 슬픔을 없애 주는 존재이니 더욱 좋다. 그러다가 자신이 직접 인간

33. 만일 지장보살이 이 서원을 지킨다면 그가 지옥에서 나오긴 그른 것 같다. 지옥에 중생들이 그칠 날이 없기 때문이다. 인구가 늘어나는 것과 비례해 지옥에 가는 중생들도 더 많아질 것이기 때문이다.
34. 이 이름말고도 관자재보살이라고 하는데 이는 '세상을 내려다보는 자유자재한 높은 존재'라는 뜻이 되겠다.

의 모습으로 나타나기도 한다. 예를 들어 선불교의 초조인 달마대사나 지금도 현존해 있는 티베트 불교의 수장인 달라이 라마를 두고 불교도들이 관세음보살의 화신(incarnation)으로 여기는 것이 그것이다.

이 보살은 위난에 처한 사람이 그 이름을 부르면 그가 어디에 있든 달려가 구해 준다. 그래서 관음보살은 천수천안(千手千眼)을 가졌다고 말하는데 이것은 중생들이 어디서 부르든 그것을 모두 볼 수 있는 천 개의 눈을 가졌음을 의미한다. 뿐만 아니라 중생들이 어떤 곤경에 있든 그들을 구해줄 수 있는 천 개의 도구를 가진 손을 상징화한 것이다. 그런가 하면 이 보살은 머리가 11개나 있는 것으로 묘사되기도 한다. 머리가 11개니 괴물 같은 모습일 것으로 생각하기 쉬우나 실제로는 매우 아름다운 모습으로 나타난다. 그 아름다운 모습을 보기 위해 우리는 멀리 갈 것 없이 석굴암의 본존불 뒤에 있는 십일면관음보살을 보면 된다.

이 관음은 석굴암 안에서 본존불과 함께 가장 아름다운 조각으로 되어 있다. 이 보살은 왜 머리가 11개나 있을까? 이에 대해서는 몇 가지 해석이 있지만 가장 그럴듯한 해석은 중생들이 어디서 어떤 고통을 당하고 있는가를 모두 보기 위해, 즉 전(全)방위를 보기 위해 11개의 머리를 만든 것이라는 것이다. 전방위란 동서남북과 그 사이, 그러니까 8개의 방위와 여기에 상하를 더하면 10개가 된다. 마지막 남은 하나는 본래의 얼굴인데 이것을 모두 합하면 11개가 되는 것이다. 관음보살과 연관해서 재미있는 사실은 일본의 한 전자업체에서 생산하는 캐논(Canon)이라는 사진기의 이름이 관음의 일본어 발음인 '칸논(cannon)'에서 비롯되었다는 것이다. 이렇듯 관음은 현대에도 살아 있는 것이다.

**석굴암 십일면관음보살** 통일신라시대, 국보 제24호

관음과 더불어 우리와 친숙한 보살들에는 미륵이나 문수 · 보현보살 등이 있다. 이들도 관음처럼 모두 한 가지씩 뛰어난 능력을 갖고 있다. 가령 미륵은 앞으로 붓다를 대신해서 올 메시아 보살 혹은 당래불(當來佛, Buddha to come)로 간주되고 있다. 미륵은 불교 안에서보다 불교 밖의 민중종교에서 인기가 더 많다. 중국이나 한국의 민중종교 지도자들은 종종 자신이 구세주라는 것을 나타내기 위해 미륵이라고 주장하는 경우가 많았다. 한국의 경우 대표적인 사람은 19세기 말에 나타난 강증산을 들 수 있다. 그는 이 사실을 증명하기 위해 전라북도에 있는 유명한 사찰인 금산사에 있는 미륵불상을 통해 이 세상으로 강림했다고 주장을 해 많은 추종자들을 모았다.

그 다음에 나오는 문수보살은 지혜를 상징한다. 중국인들은 이 보살이 산서성(山西省)에 있는 오대산(五臺山)에 산다고 믿었는데 이러한 믿음은 한국에도 전파되어 한국인들은 강원도에 있는 산 하나를 오대산이라 이름 짓고 같은 신앙을 전파했다.[35] 한편 보현보살은 높은 덕을 상징한다. 마지막으로 지장보살은 앞에서 이미 언급했으니 더 설명할 필요가 없겠다. 여기에서 덧붙이고 싶은 것은 이 보살들 가운데 지장은 일본에서 인기가 높다는 사실이다. 일본인들은 지장보살이 여행객과 아이를 보호한다고 믿는데 특히 세상에 나오지 못하고 죽은 아이들의 영혼을 보호하는 보살로 간주되어 인기가 높다. 일본에 가보면 곳곳에서 지장보살을 발견할 수 있어 그 인기를 실감할 수 있다.

그러면 보살이라는 존재를 우리는 어떻게 이해하면 좋을까? 이들은

35. 문수와 관계해서 재미있는 이야기가 있는데 '만주'라는 지역명도 문수에서 비롯되었다는 것이 그것이다.

미륵전 금산사, 조선시대, 국보 제62호, 이창호 사진

과연 실재하는 존재들일까? 정말로 관세음보살을 애타게 부르면 우주 어디선가 나타나 우리를 도와주는 것일까? 이 문제와 관련해서 한 가지 확실한 것은 이 존재들이 돌이나 산처럼 물리적인 실재로 저 밖 어딘가에 존재하는 것은 아니라는 것이다. 그러면 어떻게 이해하면 좋을까? 가장 합리적인 해석은 이 존재들은 붓다가 가진 여러 능력–지혜 · 자비 · 덕 같은 능력–들을 의인화 혹은 신격화한 이미지라는 것이다. 붓다가 워낙 뛰어난 존재라 그의 능력이 이렇게 인격적인 존재로 나타난 것이다.

대승불교도들이 이런 존재들을 만들어낼 수밖에 없었던 외적인 요인을 힌두교와의 경쟁에서 찾는 경우도 많다. 불교는 인도에서 탄생해서 번성했기 때문에 인도의 고유 종교인 힌두교와 경쟁해야 하는 숙명에서 벗어날 수 없었다. 힌두교에는 셀 수 없이 많은 신들이 있다. 그런데 대중들은 아무래도 이런 신들을 숭배하면서 종교 생활을 하는 데 익숙했기 때문에 힌두교의 신들은 매우 인기가 높았다. 이런 인도인들의 성향을 불교도 더 이상 무시하지 못했을 것이다. 그래서 만들어낸 것이 이러한 보살들이라는 것이다.

게다가 불교에는 매우 뛰어난 교리 중에 하나로 방편이라는 것이 있다. 사람들을 불교로 끌어들이고 불교를 이해시키기 위해서 다소 원래의 교리에 어긋나더라도 그 사람들에게 익숙한 용어나 개념을 사용하여 그들을 유인할 때 이용하는 것을 방편이라고 한다. 예를 들어 한국의 절에는 불교의 교리와 관계없는 삼성각 혹은 산신각 같은 건물이 있다. 이 건물 안에서 신도들은 산신이나 칠성신(七星神)을 숭배하는데 이 신앙은 불교의 원래 교리와는 전혀 관계없는 것들이다. 그러나 그런 것들을 용인하는 것은 일단 산신이나 칠성신과 같은 토속

신에 익숙한 한국인들을 절로 끌어들이는 것이 중요하다고 생각했기 때문이다. 이렇게 해서 절에 온 사람들은 처음에는 산신을 섬기겠지만 점차 불교의 교리에 익숙해져 불교 안으로 들어올 것이라는 계산이 깔려 있는 것이다. 보살 신앙도 이와 비슷한 것으로 생각된다.

불교는 원래 자력(self power)으로 깨달음을 얻는 종교이다. 그러나 대부분의 사람들은 이렇게 하기보다는 타력(other power)적인 존재를 믿고 복 받기를 더 좋아한다. 사실 종교에서 타력이 강조되는 것은 어쩔 수 없는 일인지도 모른다. 대승불교의 엘리트들은 사람들의 이런 성향을 읽고 보살 개념을 만들어 냈을 것으로 추정된다. 그러나 좀더 적극적으로 해석하면 보살은 그저 우리가 도움을 받아야 하는 존재가 아니라 우리가 우리의 인격을 향상시키려 할 때 목표로 삼아야 할 존재로 제시한 것으로도 볼 수 있겠다. 사실 우리가 이 보살들이 갖춘 덕목을 갖출 수 있다면 우리는 분명 깨달음에 가깝게 다가갈 수 있을 것이다.

절에 가면 이 보살들이 보통 불상과 같이 모셔져 있는 것을 발견할 수 있다. 보살들은 붓다의 기능적인 화현(化現)이기 때문에 많은 경우 붓다를 보좌하는 형태로 모셔져 있다. 그런데 여기에도 일정한 법칙이 있다. 다소 전문적이라 자세한 설명은 피하지만 가장 대표적인 것으로 가운데에 석가모니불을 모시면 왼쪽에는 문수보살을, 오른쪽에는 보현보살을 모시게 된다. 그러나 반드시 이 예를 따르는 것은 아니라 주의를 요할 필요가 있다. 불상과 보살상의 관계를 말할 때 그렇게 자세한 것을 아는 것보다는 이 상들을 구별하는 방법만 알면 불교의 초심자들에겐 충분할 것 같다. 불상과 보살상을 구별하는 방법은 아주 간단하다. 앞에서 잠깐 언급했지만 사진에서 보는 것처럼 머리에 관을 쓰고 있으면 그것은 보살로 보면 된다. 지장보살이 예외가 되겠지만 그의 모습은 워낙 독특해서 불상과 혼동될 염려는 없다. 게다가 지장은 지팡이를 들고 있어서 더더욱 구별된다. 반면에 불상은 관을 쓰지 않은 맨머리에 머리털은 소라 모양[36]으로 꼬여 있어 옆에 있는 보살상과 쉽게 구별된다. 그리고 불상은 매우 상징적인 손 모습을 하고 있어 그렇지 않은 보살상과 다르다는 것을 알 수 있다.

## 실천적 대승 사상 2 : 붓다의 신격화와 다양한 붓다의 출현

대승불교가 태동할 때 보살들과 더불어 반드시 언급되어야 할 존재는 붓다에 관한 것이다. 이때 붓다와 관련해서 생긴 변화 가운데 가장 큰 것은 초기 불교에서 스승에 불과했던(?) 붓다가 우주적 존재로 변모했다는 데에 있다. 이것은 불교가 종교적으로 발전해 가면서 어쩔 수 없이 생겨난 일이라고 할 수 있다. 종교란 다수의 대중들이 신봉하고 그들이 어떤 대상을 믿고 그것을 통해 복을 구하는 것이 가장 일반적이 형태이기 때문이다. 그 때문에 붓다는 대승불교에서 곧 숭배의 대상으로 신격화되어 갔다. 그 결과 붓다는 두 가지 조건을 빼고는 유신론적인 종교에서 말하는 신과 거의 같은 수준으로 격상하게 된다. 여기서 붓다가 갖고 있지 않다고 하는 두 가지 조건은 무엇일까? 전 우주의 창조주로서의 위치와 인간이 죽은 뒤 그들의 죄를 심판하는 심판자로서의 자격이 그것이다. 붓다가 아무리 신격화된들 기독교의 야훼나 힌두교의 브라만처럼 이 우주를 창조했다고는 하지 않는다. 아울

36. 이것을 나발(螺髮)이라고 부르는데 이런 것들은 모두 붓다가 깨달은 사람이라는 것을 보여준다.

러 인간의 사후에 영계에서 기다리고 있다가 그들을 심판하지도 않는다. 그러나 이 두 가지를 빼면 불교도들이 붓다를 생각하는 마음이나 기독교인들이 신을 생각하는 마음은 크게 다르지 않다. 실제로 한국의 불교도들이 절에서 하는 신행 형태나 기독교도들이 교회에서 보여주는 신행 형태는 거의 똑같은 것처럼 보인다. 이들이 기도를 할 때 '하느님' 자리에 '붓다'를 넣든 그 반대로 하든 전체 기도 내용은 별로 달라질 게 없다.

대승불교에서 붓다 이미지 혹은 붓다의 개념은 매우 현란한 발전을 하는데 너무나 많은 붓다들이 나와 불교를 모르는 일반인들은 혼란에 빠질 수 있다(사실 혼란에 빠지기는 불교도들도 마찬가지이다). 절에 가면 대일여래니 아미타불이니 약사여래니 하는 다양한 불상들이 있어 이 부처들은 도대체 석가모니불과 어떤 관계가 있는지 궁금해 할 것이다. 물론 역사적으로 실존했던 붓다는 석가모니 한 사람뿐이다. 그런데 불교사가 전개되면서 불교도들은 이런 생각을 하기 시작했다. 석가모니는 어디에서 왔을까? 석가모니를 이 세상에 나타나게 한 근원적인 존재가 있는 것은 아닐까? 그런 끝에 나온 게 삼신불(三身佛) 사상이다. 이 삼신불 사상 때문에 절에 가면 그토록 다양한 불상이 있게 된 것이다. 이 사상은 조금은 어려울 수도 있지만 불교를 이해하기 위해서는 피해갈 수 없기 때문에 잠시 보기로 하자.

삼신불 가운데 가장 먼저 나오는 것은 법신불(法身佛)로 원래의 이름은 비로자나불인데 이것을 번역해서 대일여래(大日如來)라고도 한다. 우리나라 산 이름을 보면 문수봉이니 보현봉, 관음봉 하는 식으로 보살의 이름을 따서 하는 경우가 많다. 불교에 대해 잘 모르는 사람들도 이 산들이 불교식의 이름을 갖고 있다는 것을 알지만 예를 들어 치악산의 주봉인 비봉이 불교식의 이름인 줄은 잘 모른다. 비봉이란 바

철조비로자나불 좌상 도피안사 대적광전, 통일신라시대, 국보 제63호, 이창호 사진

로 비로봉, 즉 비로자나불에서 따온 이름이다. 이름이 어찌됐든 이 부처는 모든 존재의 근원을 상징한다. 세상의 모든 존재를–그 존재가 물질적이든 비물질적이든–가능하게 한 가장 근원되는 그 무엇이 이 법신불이다. 붓다가 이 세상에 나온 것도 이 근원불이 있었기에 가능하다. 이러한 성질 때문에 혹자들은 법신불을 기독교의 하느님에 비유하기도 한다.

그러면 법신불이 불상으로 나타날 때에는 외형적으로 어떻게 구별할 수 있을까? 우선 법신불을 모신 법당은 이름부터가 다르다. 보통 석가모니를 모신 법당은 대웅전이라고 부르는 것에 비해 비로자나불을 모신 법당은 대적광전(大寂光殿)이라는 이름으로 불린다. 대표적인 것으로는 해인사의 주법당을 들 수 있다. 뿐만 아니라 이 부처는 그 손의 모습으로도 알아차릴 수 있다. 보통 이 불상은 특이하게 한쪽 손의 두 번째 손가락을 세워서 다른 손으로 감싸는 형태를 하고 있다. 이에 대해서는 여러 가지 해석이 있지만 대체로 이 두 손은 각각 진리계와 사바세계를 뜻하는 것이고 그것을 맞잡은 것은 이 두 세계가 사실은 하나라는 것을 상징한다고 풀이한다.

두 번째 삼신불은 보통 보신불(報身佛)로 불리는 것으로 그 대표적인 붓다로는 아미타불을 들 수 있다. 법신불은 진리의 본체라 그 모습을 볼 수 없지만 아미타불 같은 존재는 일단 세상에 모습을 보인 붓다이다. 그러나 석가모니처럼 누구나 볼 수 있는 부처는 아니고 불교 이론가들에 의하면 보살들만 볼 수 있는 존재로 간주된다. 보살이 이미지적인 존재이니 아미타불도 이미지적인 존재로 보면 되겠다. 조금 더 구체적으로 말하면 아미타불은 상상의 세계에서만 존재하는 붓다라고나 할까? 아니면  법신불과 석가모니불의 중간적 존재라고 볼 수도 있겠다.

아미타불에 대해서는 나중에 정토 신앙(Pure Land Buddhism)을 말할 때 다시 설명하기로 하자.

절에서 아미타 불상을 구별하려면 일단 그 불상을 모신 법당의 이름을 보아야 한다. 만일에 법당의 이름이 극락전(極樂殿)으로 되어 있으면 그것은 틀림없이 아미타불을 모신 곳이다. 이 부처는 서방 정토 즉, 극락에서 인간들이 오기만을 기다리고 있기 때문이다. 그리고 불상의 손 모양을 보고도 알 수 있는 방법이 있다. 어떤 불상이 손가락을 맞대어 동그랗게 하고 있으면 그 불상은 대체로 아미타불이라고 보면 된다. 위와 같은 모양으로 손가락을 하고 있는 양식에는 9가지가 있는데 이것은 극락에 아홉 단계가 있는 것을 보여주기 위한 것이라고 한다.

마지막으로 세상에 나와 우리와 인연을 맺은 붓다를 보통 응신불(應身佛)이라 부른다. 이 붓다는 특정 시대에 특정 장소에 직접 나타나기 때문에 우리가 볼 수 있고 그의 가르침도 받을 수 있다. 물론 가장 대표적인 붓다는 석가모니이다. 이 이야기는 석가모니 외에도 얼마든지 다른 붓다가 있을 수 있다는 것을 뜻한다. 불교는 이와 같이 석가모니 붓다 한 사람만을 유일한 각자라고 여기지 않는다. 그러니 스스로를 결코 절대화하지 않는다. 이와 같이 스스로의 교리를 상대화할 수 있는 기제(mechanism)가 내재되어 있기 때문에 불교는 교리가 항상 탄력적이다. 석가모니 붓다의 상을 구별하는 것에 대해서는 붓다가 깨칠 때의 상황을 묘사하면서 이미 설명했다. 불상이 명상 자세에서 한 손을 단전 앞에 놓고 다른 한 손은 검지로 땅을 가리키고 있는 모습을 하고 있으면 대체로 석가모니로 생각하면 된다.

이렇게 세 부처에 대해 말을 했지만 사실은 이 세 부처가 셋이 아니라 하나라고 보아도 무방할 것이다. 이렇게 여러 붓다를 만들어낸 것

**금동아미타여래좌상** 불국사 극락전, 통일신라시대, 국보 제27호

역시 불교의 뛰어난 교리인 방편설로 보아야 한다. 교리가 다양하게 발전하면서 더 많은 대상이 불교에 가깝게 다가오게 하기 위하여 여러 붓다를 만들어 믿게 한 것이다. 그런데 이 세 종류의 붓다를 다 모셔놓은 아주 이상적인 장소가 있다. 세 붓다를 다 모셨으니 가장 이상적인 불국토가 되겠다. 거기가 어디일까? 바로 불국사이다. 불국사는 이름에서 알 수 있는 것처럼 가장 이상적인 부처님 나라들을 모아 만든 절이다. 그래서 불국사인 것이다.

불국사에는 가운데 붓다를 모신 대웅전이 있고 그 오른쪽에는 아미타불을 모신 극락전이 있으며 대웅전 저 뒤쪽으로는 비로자나불을 모신 비로전이 있다. 그리고 불교에서 가장 중요한 보살이라고 할 관음보살을 모신 전각은 비로전 바로 옆에 만들어 놓았으니 불교의 슈퍼스타들이 총동원된 것이다. 불교도들은 살아 있을 때에는 석가모니의 제도를 받고, 죽으면 바로 옆으로 가서 아미타불의 품에 안기면 된다. 삶과 죽음을 관장하는 두 부처를 한 공간 안에 모셔놓은 것이다. 그 뒤에서는 비로자나불이 받쳐 주니 든든하기 이를 데 없다. 그런데 이런 부처들은 너무 높아 가까이 하기가 어렵다. 좀더 친숙한 구세주가 필요한데 그게 바로 관음보살이다. 일상 생활 속에서 세세한 문제가 생기면 멀리 있는 부처보다는 언제나 우리를 기다리고 있는 관음보살에게 빌면 된다. 이런 진용을 갖추고 있으니 불국사는 그야말로 구원에 관한 한 완벽한 종합 세트를 갖춘 셈이 된다.

## 실천적 대승 사상 3 : 여섯 가지 실천 사항[육바라밀, 六波羅蜜]

앞에서 원시 불교에서는 가장 중요한 수행의 지침으로 보통 팔정도를 꼽는다고 했다. 그런데 대승불교가 발전하면서 팔정도에 버금가고 대승불교 정신에 맞는 새로운 실천 지침 혹은 수행 지침이 만들어진다. 이것이 육바라밀이라 불리는 여섯 가지 실천 사항이다. 여기서 바라밀이란 원어로 '파라미타' 라고 하는데 그 뜻은 '피안으로 건너감'

37. 여기서 '파라' 는 '저쪽' 혹은 '저 넘어서' 라는 의미인데 이 단어는 지금도 영어에서 쓰이고 있다. 가장 비근한 예로는 parapsychology, 즉 초(超)심리학과 같은 단어들을 들 수 있겠다.

이다. 이렇게 보면 육바라밀이란 피안으로 가기 위해 행해야 하는 여섯 가지 실천 사항이라고 할 수 있을 것이다. 이 여섯 가지 사항을 보면 대승불교가 그 이전 불교와 달리 무엇을 지향했는가를 알 수 있다.

먼저 보시(布施)이다. 보시란 말할 것도 없이 주는 것이다. 보시에는 여러 가지가 있지만 크게 나누어서 물질을 주는 것과 진리의 가르침을 알려주는 것으로 대별할 수 있겠다. 무엇을 주든 우리는 이 행위를 통해 우리에게 내재되어 있는 탐욕을 어느 정도 극복할 수 있다. 그런데 중요한 것은 무엇을 주는가보다 어떻게 주느냐에 있다. 왜냐하면 아무리 많이 주어도 주는 이의 마음가짐에 따라 그 결과가 달라질 수 있기 때문이다. 만일 주는 것 자체보다 나중에 올 어떤 결과를 위해 보시를 한다면 그것은 결코 좋은 보시라 할 수 없다. 기독교도 마찬가지이지만 불교에서 말하는 진정한 보시는 무조건적인 보시이다. 어떤 조건도 어떤 결과도 바라지 않고 그저 주는 것이다. 불교에서는 이러한 경지에 대해 다음과 같은 매우 아름다운 글로 전한다. "진정한 보시는 주는 사람도, 받는 사람도 없이 다만 주는 행위만 존재해야 한다"고 말이다. '나는 주고 너는 받는다'는 이분법적인 생각을 탈피하라는 것이다. 이것은 예수님의 "오른손이 하는 일을 왼손이 모르게 하라"는 말과 통하는 바가 많다고 하겠다.

여기서 반드시 짚고 넘어가야 할 것은, 초기 불교의 실천 사항인 팔정도는 정견으로 시작했던 것에 비해 대승에서는 지금 본 것처럼 보시로 시작한다는 것이다. 정견은 주지하다시피 진리에 대한 바른 이해를 말한다. 반면 보시는 그런 지적인 행위보다 자신이나 자기가 갖고 있는 것을 내놓는 것을 말하는 것이니 이것은 보살의 이상과 부합한다. 대승불교에서는 지적인 깨달음보다 다른 사람을 돕는 게 더 화급한 가르침이 된 것이다. 혼자만 깨달으려고 하지 않고 깨달음을 향해 서로 도우면서 모두 같이 가자고 선언한 것이다. 그래서 상좌 불교를 소승, 즉 작은 탈것이라 부르고 자신들의 불교를 대승, 즉 큰 수레라고 부른 것이다.

남을 위해 베푼 다음에는 이제 자신의 수행으로 돌아와야 한다. 수행에는 반드시 윤리적인 면이 있어야 한다. 깨치지도 않은 상태에서 자기 마음대로 하게 되면 위험할 때가 종종 있다. 그래서 그 다음 바라밀은 지계(持戒)이다. 수행하는 데에 계율이 얼마나 중요한가에 대해서는 더 언급할 필요가 없다. 계율이란 그 사람을 구속하는 게 아니라 보호하는 역할을 한다. 깨달음이라는 새로운 영역으로 가는 과정에서 우리는 무수한 난관을 만난다. 그때 계율이라는 방패가 없으면 자기 마음대로 하다 길을 잃고 중간에 거꾸러지기가 쉽다.

세 번째 바라밀은 무조건 참는 것이다. 참는 것도 굉장한 공부가 된다. 특히 아만심을 극복하는 데에는 즉효가 있다. 우리가 성을 낼 때 보면 많은 경우 자신이나 자신의 자만감을 거슬렀을 때 그렇게 된다. 불교에서는 내가 없다고 가르치는데 무슨 자만심이 설 자리가 있겠는가? 자만감은 수행하는 데에 큰 독이 된다. 제대로 수행하기 위해서는 하심(下心)에 하심을 해야 한다. 자기를 할 수 있는 한 낮추고 자기를 없애야 한다. "그러면 아무 때나 누구에게나 성을 내지 않고 참아야 하는가" 하는 질문이 나올 텐데 물론 상황에 대한 정확한 지식과 그것을 판단하는 지혜가 필요하다. 동양에서는 깨닫기 위해 우리가 갖추어야 할 몇 가지 덕목을 말하는데 그중에 가장 중요한 것은 스승에 대한 절대적인 복종이다. 즉 스승에 대한 완전한 신뢰이다. 왜 이게 그렇게 중요한 것일까? 그것은 자신을 완전히 포기해야 깨달음의 영역으로 들어갈 수 있기 때문이다. 그런데 우리는 자꾸 의심이 생긴다. 강한 자아의식이 올라오는 것이다. 이것을 극복하지 않는 한 깨달음이란 없다.

이와 관련해서 구정이라는 이름의 중국 선사 이야기가 생각난다. 어느 날 스승이 구정에게 솥을 걸라고 했다. 솥을 거는 것은 흙으로 주위를 덮고 잘 마무리해야 하는 어려운 작업이다. 구정이 오랫동안 끙끙거리며 솥을 걸자 스승은 솥을 떼어내라고 했다. 구정은 한마디 불평도 없이 솥을 떼어냈다. 그 작업을 마치자 스승은 솥을 다시 걸라고 했다. 이렇게 하기를 아홉 번. 구정이라는 이름은 여기서 나온 것이다. 아홉 번을 솥을 걸었다 떼어냈다 하면서 구정은 한 번도 싫은 내색을 하지 않았다. 물론 이야기는 아홉 번째 솥을 걸고 떼어냈을 때 구정이 깨치는 해피 엔딩으로 끝난다. 참는 것도 이 정도 되어야 수행하는 데에 도움이 된다. 그래서 앞에서도 말한 것이지만 불교에서 사바세계라 할 때 이 단어의 뜻은 참으면서 사는 세상이라는 뜻이라고 했다. 불가에서는 한번 성을 내면 십년 동안 도 닦은 게 '도로아미타불'이 된다고 한다. 그만큼 참고 남을 미워하지 않는 게 중요한데 우리의 삶은 성냄과 미움의 연속으로 가득 차 있다. 어찌할 것인가?

지금까지는 실제의 수행에 들어가기 위한 준비 작업이라 할 수 있다. 이제부터는 본격적인 진리 탐구 작업에 들어간다. 다음 바라밀은 정진(精進)이다. 선행을 하는 데에도 정진을 해야겠지만 중요한 것은 수행에 정진하는 것이다. 특히 명상 수련에 정진해야 한다. 이렇게 수행에 정진하다 보면 선정(禪定)에 들게 된다. 선정이란 산란한 마음을 고요하게 하고 의식을 한 점에 집중하는 것이다. 불교식 명상에는 여러 종류가 있다. 남방 불교에서 하듯이 자기 자신을 관찰하는 법도 있고 선불교처럼 화두를 생각하는 것도 있다. 그러나 어떤 명상법이든 공통되는 게 있는데 그것은 다름 아닌 집중이다. 집중을 강조하지 않는 명상법이란 없을 정도로 집중은 명상에서 중요한 위치를 차지한다. 집중을 해야 산란한 마음이 고요해지고 그래야 마음의 본바탕을 볼 수 있게 되는 것이다. 왜 집중을 해야 하는가에 대해서는 나중에 선불교를 설명할 때 보기로 하자.

이렇게 깊은 명상 수련을 많이 하게 되면 지혜가 생긴다. 이것이 육바라밀의 마지막 관문인 지혜바라밀이다. 이것만 성취하면 깨달음은 떼어놓은 당상이라고 할 수 있다. 자신을 비롯해서 사물의 본질을 알 수 있는 게 이 지혜이다. 자신을 옥죄고 있던 번뇌 망상이 사실은 스스로 만들어낸 공화(空花), 즉 하늘에 핀 허망한 꽃이라는 것을 알게 된다. 그것을 아는 순간 그는 속박에서 벗어나 해탈을 얻게 된다.

이제 이렇게 해서 우리는 기원전 1세기경 인도에서 새롭게 일어난 대승불교의 실천 사상에 대해서 보았다. 대승불교 사상가들은 가장 강력한 이타적 존재인 보살 이미지를 만들어내 원래의 자력적인 방법보다 타력적인 방법을 강조해 대중들에게 더 가까이 가려 했다. 그럼으로써 새로운 신앙의 대상으로서 붓다나 보살들이 등장했다. 이제 불교는 조용히 혼자 수행하는 종교가 아니라 숭배 대상을 중심으로 많은 종교 의례가 발달하게 된다. 그런데 대승불교에서는 이렇게 대중들에게만 가까이 간 게 아니다. 그에 못지않게 엄청난 사상적 발전도 수반되는데 대승불교 철학은 인류 철학의 정점(頂点)에 있다고 해도 과언이 아니다. 이제 그것을 간략히 보자.

## 새롭게 발전한 대승 철학 : 중론과 유식학

이제 우리는 인류가 만들어낸 철학 가운데 가장 어려운 철학이라고 해야 할 대승 철학, 그중에서도 중론을 볼 차례가 되었다. 이 사상은 너무 심오해서 간단하게 설명할 수가 없을 뿐만 아니라 일반 독자들은 그 자세한 내막을 알 필요도 없을 것 같다. 그러나 이 사상은 대승의 정통 철학이라는 점에서 매우 중요하기 때문에 살펴보지 않을 수가 없다. 따라서 살펴보되 극히 간단하게만 보기로 하자.

보통 중론(中論, doctrine of middle path)이라고 불리는 이 사상은 2세기 전후에 살았던 사람으로 인도 최고의 사상가이자 불교 승려였던 나가르주나[龍樹]가 창안한 것으로 가장 중요한 핵심은 공사상이다. 이 공사상은 간단하게 말해서, 사물의 본성은 한마디로 비어 있다는 것이다. 비어 있다는 것은 사물이 아예 존재하지 않는다는 것이 아니라 고정된 본성이 없다는 것으로 이해하는 게 나을 것 같다. 이것은 초기 불교에서 무아론이나 연기론을 더 발전시킨 설로 보면 된다. 어떤 사물이든 실체가 없이 인연이 모이고 흩어지는 데에 따라 명멸을 거듭하는 것이니까 그것을 좀더 근원적인 시각에서 공으로 표현한 것이다.

우리가 사물을 근본적인 입장에서 보려면 항상 공(空)의 시각에서 조망해야 한다. 사물의 근본적인 모습은 근원적 실재라 할 수 있는데 이 절대 실재를 보기 위해서는 어떤 시각도 가져서는 안 되기 때문이다. 이것은 앞에서 본 『금강경』에서 "어떤 시각도 갖지 말고 생각을 내야 한다"[38]는 주장과 정확히 일치한다. 그런데 딜레마는 우리가 어떤 시각을 갖지 않으면 그 사물을 보지 못한다는 데에 있다. 예를 들어보자. 절대적 실재는 존재하는 것 전부라 할 수 있는데 우리가 그 실재를 묘사하면서 x라고 했다고 하자. 그러면 전체였던 실재는 x에 한정되기 때문에 더 이상 절대 실재가 될 수 없게 된다. 따라서 이 학파에서는 우리에게 어떠한 견해도 갖지 말라고 충고한다. 나가르주나도 자신의 책에서 어떤 견해를 주장하는 것이 아니라 기존의 견해를 모두 논파하는 방법을 취한다. 만일 그가 자신만의 새로운 이론을 제시하면 그것 역시 절대 실재를 한정시키는 일이기 때문에 그렇게 하지 않은 것이다. 대신에 기존 견해를 계속해서 부정하면 올바른 견해가 스스로 드러날 것으로 생각했는데 이것을 파사현정(破邪顯正, '잘못된 것을 부수면 올바른 것이 드러난다'는 뜻)이라 부른다.

그런가 하면 사물 자체도 비어 있다고 주장하는 게 이 학파이다. 이 학파의 핵심 사상을 가장 잘 요약한 것 중에 우리와 제일 가까운 경전은 뭐니 뭐니 해도 『반야심경』이라고 할 수 있다(그러나 나가르주나가 『반야심경』을 저술한 것은 아니다!). 『반야심경』은 300자 미만으로 된 경전으로 대승 철학의 핵이라 할 수 있다. 이 경전을 다시 네 글자로 줄이라고 한다면 '색즉시공(色卽是空)'－'공즉시색'도 가능하다－으로 축약할 수 있다(세 글자로 줄이면 색시공이라고 해도 된다!). 이 경전은 우리 주위에서 아주 쉽게 접할 수 있다. 승려나 불교도들이 예불할 때에 반드시 이 경전을 읽기 때문이다. 승려들이 예불하는 것을 자세히 보면 맨 처음에는 불상을 마주 보고 여러 가지 경을 읽으면서 그에 맞추어서 불상을 향해 절을 한다. 그것이 주된 예불인데 이 순서

38. 원문은 앞에서 보았다. 중국 선종의 6대 조사였던 혜능은 이 구절을 듣고 순식간에 깨쳤다고 할 만큼 불가에서는 잘 알려진 경전 구문이다.

가 끝나면 승려들은 법당 옆에 걸려 있는 불화를 향해 서서 목탁을 치면서 경전을 읽는다. 이때 읽는 경전이 바로 『반야심경』이다. 그림 속에 그려진 존재들은 불교를 수호하는 신령들인데 승려들은 그들에게 예배하는 것이 아니라 그들을 위해 불교의 최고 진리인 『반야심경』을 들려주고 있는 것이다.

색즉시공 혹은 공즉시색이란 요즘 말로 하면 '있는 게 없는 것이고 없는 게 있는 것' 정도가 될 터인데 이것을 이해하는 일도 그리 쉽지 않다. 그러나 좋은 시도가 될는지 모르지만 현대 물리학에서 제시하는 이론을 가지고 설명하면 좋을 것 같다. 우리가 책상과 같은 사물을 보면 그것을 딱딱한 고체라고 생각한다. 물론 이 생각도 틀린 것은 아니다. 그러나 계속해서 미시적인 차원으로 내려가 보면 사정이 완전히 달라지는 것을 알 수 있다. 일단 최소 단위를 원자라고 놓고 보았을 때 원자란 가운데 아주 작은 핵이 있을 뿐이고 그 주위는 텅 비어 있다. 이것을 거시 세계로 비교해 보면 큰 야구장 한가운데에 야구공을 하나 놓은 꼴이라 하겠다. 원자핵은 그 공의 크기 정도밖에 안 되는 것이다. 그래서 사물은 거의 비어 있다고 말하는 것인데 과연 불교의 현자들이 이 사물의 세세한 모습을 직접 관(觀)하고 '있는 것이 없는 것'이라고 말한 것인지는 모르지만 불교와 현대 물리학이 물질에 대해서 갖는 생각이 비슷해서 재미있다.

대승학파 가운데 반드시 짚고 넘어가야 할 학파가 있다. 중국의 현장법사가 7세기 중엽 인도에 갔을 때 그는 인도에서 불교가 이미 스러지고 있는 것을 목격했다. 그때 인도에는 많은 종파들이 다 시들하고 방금 설명한 중론학파와 이제 설명하려고 하는 유식학(唯識學)을 내세웠던 유가학파(瑜伽學派, Yogacara)만 유행하고 있었다고 한

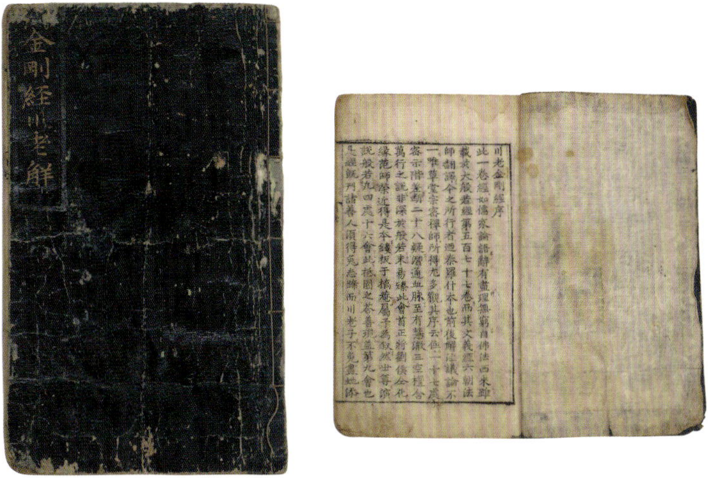


금강반야바라밀경 고려시대, 서울역사박물관

다. 약 5세기경에 만들어진 유식학은 이 세상에 정말로 존재하는 것은 우리의 의식뿐이라고 주장한다. 그래서 이 학파의 이름을 영어로 번역할 때 Consciousness(혹은 Mind)-only School이라고 하는 것이다. 이 학파의 주장은 사실 엄청나게 과격한 것이다. 외부에 존재하는 모든 것은 그것이 달이든 산이든, 책상이든 관계없이 모두 의식의 표상(representation 혹은 ideation)에 불과하다고 주장한다. 쉽게 말해서 외부의 사물들은 실제로 존재하는 게 아니라 우리의 마음이 투사된 것에 불과하다는 것이다. 달리 말하면 이 학파에서는 절대적 실재, 즉 이 우주에서 정말로 존재하는 것은 우리의 의식뿐이라고 보았다.

그런데 이런 사상은 이 학파에서만 주장하는 것이 아니다. 세계의 많은 신비가들은 우주의 실재를 대령(大靈, The Spirit) 혹은 우주의식(cosmic consciousness)으로 보았고 비슷한 맥락에서 불교의 다른 학파에서도 일심(一心, One Mind)이라고 부르기도 했다. 사실 힌두교에서 개인의 가장 깊은 의식을 뜻하는 아트만도 이것과 다르지 않다. 우리의 가장 깊은 의식이 우주에 실재하는 유일한 것이라는 데에는 동양의 고등종교들이 모두 일치된 의견을 갖고 있다. 우리의 의식만이 실재한다는 이 학파의 주장은 깊은 명상 속으로 들어갔을 때에만 확실히 알 수 있기 때문에 이런 상태를 체험하지 않은 사람들에게는 이해시키기가 어렵다.

이 학파와 연관해서 반드시 언급해야 할 것은 이 학파가 인간의 의식에 중점을 두었기 때문에 우리의 의식을 매우 세세하게 분석했다는 것이다. 우선 우리에게는 감각 기관이라고 할 수 있는 눈 · 귀 · 코 · 입 · 몸과 관계된 다섯 가지 의식이 있고 이것을 총괄하는 여섯 번째의 의식이 있다. 여기서 짚고 넘어가야 할 것은 우리가 항용하는 의식이라는 용어가 바로 여기에서 온 것이라는 것이다. 의식이라는 낱말은 불교에서 유래했고 불교 중에서도 이 유식학에서 나온 것이다. 이 6식까지가 수면에 드러난 의식이고 그 다음부터는 잠재의식의 영역으로 들어간다. 6식 바로 밑에는 온갖 번뇌를 일으키는 제7식인 마나식이 있다. 정작 더 중요한 것은 마나식 밑에 있으면서 가장 근본을 이루는 제8식이다.

이 식은 알라야식–한자 글자 자체로는 아무 의미가 없는 '아뢰야식(阿賴耶識)'으로 표기함–이라고 하는데 영어로는 'store(–house) consciousness'라고 번역한다. 'store(창고)'라고 했으니 모든 것을 저장하는 것을 의미하고 그 때문에 한자로 의역할 때는 장식(藏識)이라고 쓴다. 이 식은 사람의 의식 가운데 가장 기저에 있으면서 그 위의 식에서 벌어지는 모든 일들을 저장해 놓는다.

불교에 의하면 우리가 윤회를 하는 이유는 우리의 생각이나 말 · 행동이 그대로 8식에 저장되고 그것들이 일종의 에너지가 되어 또 삶을 살게 만드는 힘을 부여하기 때문이다. 한 생각(혹은 욕망)을 내면 그것은 또 다른 생각(혹은 욕망)을 내게 하고 그렇게 끊임없이 굴러가기 때문에 그 힘으로 또 다음 생에 태어나야 할, 혹은 태어나고 싶은 욕망을 갖게 된다는 것이다. 이 8식에는 우리가 말이나 행동은 고사하고 아주 가벼운 것이라도 어떤 생각을 하면 모두 저장된다고 한다. 이렇게 저장된 일정한 식(識)의 에너지는 나중에 그와 맞는 인연을 만나면 발현된다. 그러나 이때 또 어떤 생각을 하면 생각의 사슬은 끊임없이 지속된다. 여기에는 나쁜 생각이나 말, 행동만 저장되는 것이 아니라 좋은 것들도 저장되고 그것도 역시 집착의 형태로 나중에 다시 나타나게 된다. 그래서 불가에서는 사람을 미워하지 말라는 것은 말할 것도 없고 사랑하지도 말라고 하는 것이다.

어떻든 그 학파의 교리를 따르면 우리는 이 8식에 들어 있는 모든 생각의 종자(種字, seed)를 완전히 소탕했을 때에만 깨달을 수 있게 된다. 그렇게 됐을 때에만 윤회의 바퀴를 돌게 하는 힘이 떨어지기 때문이다. 이 이론 역시 일반 독자들이 받아들이기에는 어려운 점이 있다. 깊은 명상을 해서 아주 깊은 의식까지 들어가야 이런 것들이 보이기 때문이다. 그런데 이러한 불교식의 잠재의식 이론은 서양 심리학자들에게도 큰 영향을 미쳤다고 한다. 서양에서 무의식을 언급하기 시작한 것은 18세기 서양의 낭만주의 심리학자들이 유식학의 이론을 접한 이후라고 한다.[39]

39. 이 학파는 중국에서는 법상종으로 불렸고 신라의 다섯 종파[五敎] 가운데 하나였다.

금동신묘명삼존불(광배) 고구려시대, 국보 제85호, 삼성미술관 리움

## 북방 불교의 전개-중국 불교를 중심으로

인도 북부에서 발전한 불교는 선교의 고삐를 바짝 당겼다. 하나는 남부로 내려가 동남아로 전파됐고 다른 하나는 서북부로 전파되어 실크로드를 타고 중국으로 들어갔다. 이렇게 불교가 선교에 역점을 두게 된 것은 기원전 3세기경 인도를 통일한 마우리아 제국의 아소카 왕의 공이 크다. 그는 중앙아시아와 서아시아, 그리고 스리랑카로 불교를 전도하는 데에 온 힘을 기울였다. 불교가 오늘날처럼 세계 종교가 된 데에는 아쇼카 왕의 노력을 빼놓을 수가 없다. 그런데 여기서 우리가 중점적으로 볼 것은 물론 북방으로 전파된 불교이다. 인도 북부에서 발생하여 중앙아시아를 거쳐 실크로드를 타고 중국으로 들어간 불교는 여러 문명을 거쳐 들어온 것이다. 이 과정을 앞에서 잠깐 보았는데 여기서는 조금 더 상세하게 보기로 한다.

### 불교의 중국 전래 모습

우선 불교는 인도가 발상지이니 시원은 인도 문명이다. 이 불교가 약 기원전 2세기경 간다라 지방으로 가서 그리스 문명과 만났다는 것은 앞에서 언급한 대로이다. 간다라 지방은 파키스탄의 페샤와르 근처를 말하는데 아프가니스탄과도 그리 멀지 않다. 당시 이 지역은 쿠샨 왕조가 지배하고 있었는데 이 왕조는 불교를 국교로 하여 경전도 재결집하는 등 많은 발전을 꾀하게 된다. 그런데 이 지역에는 기원전 327~326년에 알렉산더 대왕이 침입한 이래 그리스 문화가 상존해 있었다. 불교는 자연스럽게 그리스 문화와 융합을 꾀하게 되는데 그 가운데 하나가 불상의 제작이다. 불교도들은 당시까지 자신을 상으로 만들지 말라는 붓다의 유언에 따라 불상을 만들지 않고 있었다. 그러나 이곳에서 그리스 신들의 조상(彫像)을 보면서 그들도 붓다나 보살들을 상으로 만들기 시작한다. 이때의 불상들을 보면 얼굴은 거의 그리스인을 닮아 한국에서 보는 불상과는 사뭇 다르다. 그리고 앞에서 본 것처럼 인도의 서북부 땅을 다스리고 있던 그리스의 총독인 밀린다왕과 불교의 나가세나라는 승려 사이에는 사상적인 교류도 있었다.

이렇게 서구의 그리스 문명과 만난 불교는 실크로드를 따라 중앙아시아 지방으로 전파되고 그곳에서 조로아스터교와 만나게 된다. 우리나라에 있는 옛 불상을 보면 그 광배의 가장자리에 화염이 뻗어나가는 문양을 종종 발견할 수 있다. 이것은 물론 붓다의 법력이 불꽃처럼 치열하게 뻗어나간다는 것을 보여주기 위해 화염을 빌려 나타낸 것이다. 학자들은 이 불꽃 문양이 바로 불교가 조로아스터교에서 영향을 받은 것이라고 주장한다. 조로아스터교에서는 그들이 최고의 신으로 숭앙하는 '아후라 마즈다'가 불을 자신들에게 주었다고 믿기 때문에 종교 의례를 할 때 불을 숭배한다. 그 때문에 이 종교는 동북아시아에서는 배화교(拜火敎)라 불렸다.

이렇게 중앙아시아 문명과도 만난 불교는 동진을 거듭해서 중국으로 들어오게 된다. 언제 중국에 불교가 전래되었는지는 확실히 알지 못하지만 대체로 1세기경에 실크로드를 따라 장사를 하던 카라반들을 통해 들어온 것으로 추정된다. 불교가 당시 중국인들에게 어떤 의미가 있었는가 하는 것은 앞에서 이미 어느 정도 보았다. 한마디로 중국인들은 엄청난 깊이의 사상 체계를 지닌 불교를 만나 크게 놀란다.

그러나 불교가 아무 잡음 없이 중국에 정착된 것은 아니었다. 외래 종교가 들어올 때 갈등이나 마찰이 생기지 않는다면 그것이 이상한 것이다. 가장 첨예한 갈등은 역시 유교의 효와의 관계에서 비롯되었다. 유교에서는 자식이 부모를 떠난다는 것은 있을 수 없는 일인데 불교에서는 승려들이 출가할 뿐만 아니라 결혼을 하지 않아 자식(아들)마저 낳지 않으니 이만저만한 불효가 아니었다. 게다가 우리의 몸이란 부모가 준 것이라 함부로 손을 대서는 안 되는데 승려들은 머리를 박박 깎으니 또한 불효로밖에 비추어지지 않았다. 그 외에도 불교에서 설하는 윤회 문제도 처음에는 중국인들이 받아들이기 힘들었다. 현세적인 사고를 갖고 있는 중국인들에게 인간이 죽어서 영혼과 같은 형태로 남는다는 것은 너무 생소했기 때문이다. 이런 주제들 때문에 중국의 지성인들과 승려들 사이에 격렬한 토론이 오갔으나 그것은 불교가 중국에 정착되는 데에 그다지 큰 방해가 되지 못했다.

## 중국 이론 불교의 대표주자 : 화엄 불교

불교가 중국에 전파된 초기를 보면 인도에서 유행하던 많은 종파들이 모두 중국에 들어왔음을 알 수 있다. 그 자세한 것은 전문서에 맡기고 우리는 화엄종에 대해서만 보기로 하자. 물론 화엄종은 화엄경을 중심으로 해서 만들어진 종파이다. 중국에서는 불교 종파가 만들어질 때 중심이 되는 경전을 가지고 종파의 이름을 삼았다. 이 화엄종은 천태종과 함께 중국의 귀족 불교를 대표하는 종파인데 한국의 불교도들은 그 이유는 명확치 않지만 법화경을 중심으로 하는 천태종보다 화엄종을 더 친숙하게 느꼈다. 지금도 한국의 승려들은 강원(講院)에서 화엄경이 중시된 교육을 받고 있는 것으로도 그 중요성을 알 수 있다.

화엄경의 철학은 한마디로 전체성(totality)의 철학이라고 할 수 있다. 세상의 사물은 겉에서 보면 모든 것이 개별적인 것으로 보여 아무 관계도 없는 것처럼 보이지만 근본적인 수준으로 내려가면 긴밀하게 연결되어 있다고 한다. 이른바 내적 질서 이론이다. 겉으로는 보이지 않지만 세상 만물은 내적으로는 물샐 틈 없는 질서 속에 있다는 것이 그것이다. 그리고 하나와 전체의 관계에 대해서도 매우 통찰력 있는 관찰을 제시했다. 우리는 상식적으로 전체는 여러 개의 부분들이 모여서 생긴 것이라고 생각하기 쉽다. 그런데 화엄경에서는 하나는 부분이 아니라 전체이고 그 전체는 다시 부분이라는 매우 파격적인 주장을 한다.

이것을 가장 간단한 공식으로 정리하면 그 유명한 "일즉다 다즉일(一卽多 多卽一)"이다. 하나 속에 전체가 있고 전체는 하나가 된다는 것인데 화엄경에는 이것을 잘 설명한 비유가 나온다. 불교(혹은 힌두교)에는 많은 신이 있는데 그중에 인드라는 대단히 중요한 신이다. 이 신이 주재하는 영토에 가보면 그물코마다 투명한 보석이 박힌 그물이 있단다. 이 보석들은 지극히 투명하기 때문에 서로가 다른 보석들을 모두 반사한다. 따라서 전체 보석을 보고 싶으면 아무 보석이나 하나만 보면 된다. 그 안에 다른 보석들이 모두 반사되어 있기 때문이다.

불교에 의하면 세상 만물이 짜여 있는 구조가 이렇다는 것이다. 예를 들어 하나만 보면 전체를 알 수 있기 때문에 한순간 안에 영원이 다 들어 있다. 그래서 영원이 따로 있는 것이 아니라 이 순간이 바로 영원이다. 사실 이와 비슷한 이야기는 현대 과학에서도 볼 수 있다. 예를 들어 현대 물리학에 의하면 시간이란 과거에서 현재를 거쳐 미래로 흘러가는 것이 아니라 전체적으로 편재되어 있다고 한다.

그러니까 과거 · 현재 · 미래는 순차적으로 존재하는 것이 아니라 동시에 존재한다는 것이다. 그렇다면 어느 순간이든 그것은 영원이 된다. 이렇게 보면 영원이란 시간을 무한대로 늘려 놓은 것이 아니라 바로 이 순간이 영원이라고 보아야 한다. 어찌 됐든 이런 자연계의 원래 모습을 보려면 지금과 같은 속안(俗眼)으로는 안 된다. 많은 수행을 거쳐 지금까지 쌓인 편견이나 선입견에서 해방됐을 때만이 가능한 일이다.

## 가장 중국적인 불교의 탄생 : 선불교

화엄 불교가 이론에 치중한 불교라면 그런 번쇄한 이론을 다 걷어내고 단번에 깨달을 수 있다는 불교가 중국에서 나왔다. 이것이 그 유명한 선불교이다. 개인적인 생각에 중국인들이 인류에게 선사한 최고의 선물이 바로 이 선불교가 아닌가 싶다. 혹자는 이를 그저 인도 불교의 한 종파처럼 생각하기도 하는데 선불교는 초기의 인도 불교와는 달라도 너무 다른 가르침이다.

가령 앞에서도 잠깐 언급한 것으로, 원시 불교에서는 대표 교리가 무

**화엄탱** 송광사 화엄전, 조선시대, 성보문화재연구원 사진

아론이었지만 선불교로 오면 무아론은 설 자리가 없고 진아론(참나론)이 주류를 이룬다. 선불교에서는 참나를 찾는 것이 가장 중요한 일이 되었기 때문이다. 그런가 하면 선불교 이전의 불교에서는 경전을 무시하는 일이 결코 없었다. 경이란 부처님의 말씀이기 때문에 그것을 무시한다는 것은 불교를 부정하는 꼴이 될 수 있기 때문이다. 뒤에 보겠지만 선불교에서는 붓다의 진정한 지혜란 경전에는 없고 붓다의 마음을 통해서만 전달될 수 있다고 믿는다. 또 선불교에서 화두법과 같은 극히 특이한 명상법을 갖고 있는 것도 모두 선불교의 중국적 특성을 보여주고 있다고 하겠다.

선불교가 가장 중국적인 불교라는 데에는 여러 학자들의 의견이 일치한다. 예를 들어 선불교를 미국에 제일 처음 소개한 스즈키는 선불교를 두고 깨달음에 대한 중국적 해석이라고 했는데 이것은 참으로 정확한 지적이다. 그리고 그는 더 나아가서 선은 중국 불교 사상의 실천적 완결이라 했는데 이 역시 지극히 정확한 표현으로 생각된다. 그런가 하면 동양 사상에 아주 조예가 깊었던 토머스 머튼(Thomas Merton) 신부는 장자(莊子)의 진정한 계승자는 불교가 극성을 부린 당(唐)대의 선사라고 주장했는데 이것 역시 핵을 찌른 주장이라고 여겨진다.

한국인은 선불교를 특히 잘 알아야 하는데 그것은 현재의 한국 불교가 선종 중심으로 되어 있기 때문이다. 한국에서는 경전을 많이 공부한 학승보다 선을 많이 행한 선승을 더 높이 평가한다. 그리고 선원에 들어갈 수 있는 자격도 쉽게 주어지는 게 아니다. 원칙적으로 경전을 공부하는 과정이 끝난 다음에야 들어갈 수 있기 때문이다. 그래서 한국 불교에서는 승려들이 자신들의 수행 목표를 말할 때 사교입선

(捨敎入禪), 즉 “교학을 버리고 참선으로 들어간다”는 말을 하는데 이것은 적절한 묘사라고 하겠다. 말로만 하는 교학보다 우직하게 참선하는 것을 더 높이 친 것이다.

지금 한국 불교에서 정통의 자리를 확고하게 잡고 있는 조계종은 자신들이 중국 선종의 실질적인 창시자인 혜능대사의 뒤를 잇고 있다고 자부한다. 이것은 이 종파의 이름만 보아도 알 수 있다. 조계란 혜능이 주석했던 절 뒷산을 말하기 때문이다. 혜능이란 인물이 나온 김에 선종의 역사에 대해 잠깐 훑어보자.

선이 6세기 초에 인도로부터 온 보리달마에 의해서 시작이 됐다는 것은 널리 알려진 사실이다. 그리고 그를 둘러싸고 많은 신화적인 이야기, 즉 중국에 와서 양무제와 이야기를 나누다 그를 혼란에 빠트렸다거나 나뭇잎 배를 타고 양자강을 건넜다는 등의 신화들이 전승되는 것도 잘 알려진 사실이다. 그러나 그에 관해 신빙성 있는 이야기는 혜가(慧可)라는 수제자가 있었다는 것이다. 혜가는 선불교의 제2대 교조가 되는데 그가 달마에게서 가르침을 받기 위해 자기 팔을 잘라 바쳤다는 이야기는 믿거나 말거나 한 것이지만 매우 의미심장한 이야기로 아직도 전해지고 있다. 그러나 초기 선종사에서 가장 중요한 사람은 뭐니 뭐니 해도 혜능(慧能, 638~713)이다. 혜능은 당시 신수(神秀, 605~706)라는 승려와 같은 스승 밑에 있으면서 경쟁 관계에 있었는데 후대에는 신수와 비교가 안 될 정도로 크게 추앙을 받는다. 이것은 혜능의 제자들이 선종의 실세가 되면서 생긴 자연스러운 결과이다. 출가 전의 혜능은 보통 글을 전혀 모르는 나무꾼으로 묘사되는데 이것은 실제 여부를 떠나서 선이 언어와 별로 관계가 없다는 가르침이라는 것을 상징적으로 보여준다.

달마도 김명국, 조선시대, 국립중앙박물관

보통 선불교가 혜능에게 와서 중국화되었다고 하는 것, 그래서 혜능을 사실상 중국 선의 초조로 삼는 데에는 몇 가지 이유가 있다. 우선 무엇보다도 문자에 대한 불신을 들 수 있다. 기존의 인도 불교에서도 문자로 진리를 완전하게 표현할 수 있다고 생각한 것은 아니지만 그래도 문자나 언어 자체를 완전히 부정한 것은 아니었다. 가장 어려운 나가르주나의 철학도 문자로 표현한 것처럼 문자를 아예 거부한 것은 아니었다.

반면 중국의 사상 전통 안에는 문자나 언어를 불신하는 전통이 있는데 노장사상이 바로 그것이다. 노자는 중국 철학자 가운데 언어를 거부한 최초의 철학자로 기억될 것이다. 그의 유명한 책 『도덕경』의 서두에서 "도를 도라고 말하면 그것은 진정한 도가 아니다"고 말한 것은 그가 얼마나 언어를 믿지 않았는가를 적나라하게 보여주고 있다. 그런 면에서 장자 역시 결코 뒤지지 않는다. 그가 주장한 망각의 철학(philosophy of forgetfulness)은 바로 언어를 잊는 것이다. 그는 "토끼를 잡으면 올가미를 잊고 물고기를 잡으면 그물을 잊는 것처럼 의미를 파악하면 말을 잊어야 한다"고 했다. 말이란 수단에 불과하지 절대로 진리 그 자체가 될 수 없다는 것이다. 진리 혹은 절대적 실재는 모든 것을 아우르고 포괄적인데 언어란 항상 배타적이기 때문이다. 조금 더 어렵게 말하면 언어는 항상 이원론적인데 절대 실재는 불이론적(non-dualistic 혹은 trans-dualistic)이라 언어로는 실재를 제대로 묘사하지 못한다는 것이다.

선불교에서는 진리의 이러한 경향을 축약해서 불립문자(不立文字)라 부른다. 이것은 진리란 결코 언어로 표현할 수 없다는 뜻이 된다. 선불교가 언어를 불신하니 당연히 경전을 높이 평가하지 않는다. 아니

글로 쓰여진 경전은 오히려 깨달음을 방해할 수 있다고 주장한다. 여기서 나온 이야기가 그 유명한 염화시중–염화시중' 이란 꽃을 들어 대중들에게 보였다는 뜻이다–의 미소 아닌가? 붓다가 어느 날 설법 후 꽃을 들었더니 그 뜻을 안 최고 수제자인 가섭만이 빙그레 웃었다는 이야기가 그것이다. 붓다의 진정한 뜻은 경전 속에 있는 것이 아니라 이렇게 마음에서 마음으로 전해져 내려왔기 때문에 그 진리를 이어받은 선불교야말로 붓다의 진정한 계승자라고 주장한다.

이런 맥락에서 그들은 매우 의미 있는 주장을 한다. 경전을 포함해서 세상의 모든 것은 달을 가리키는 손가락에 불과하다는 것이다. 여기서 달이란 진리를 가리킨다. 세상의 그 어떤 것도 진리 그 자체는 될 수 없다. 모든 것은 수단이자 방편일 뿐이다. 이렇게 보면 세상의 모든 종교는 방편에 불과한 것이 된다. 어떤 종교도 실재를 100% 대변하지 않는다. 모두 그곳으로 가는 하나의 길일 뿐이다. 불교가 종교전쟁을 벌이지 않았던 것은 이렇게 철두철미하게 상대적인 진리관을 가지고 있었기 때문이다.

이렇듯 붓다의 진정한 뜻은 경전이 아니라 마음으로만 전달됐다고 믿기 때문에 선불교들은 이것을 교외별전(敎外別傳)이라고 부른다. (진정한 진리는) 경전 외에 별도로 전해졌다는 뜻이다. 이 때문에 참선 중에 있는 불교 승려들은 모든 책으로부터 차단된다. 책뿐만 아니라 신문조차도 볼 수 없다. 글은 자꾸 따지는 추론 작용을 일으키기 때문에 절대 실재로 가는 길을 방해한다는 생각에서 그렇게 하는 것이다. 물론 선불교에서 이렇게 하는 것을 이해할 수는 있지만 현대와 같이 정보 홍수의 사회에서 성공할 수 있을지 의문이다.

이런 과정을 거쳐 선불교에서 이루려는 목표는 무엇인가? 두말할 것도 없이 자신의 본래 성품을 보려고 하는 것이다. 이것을 일컬어 견성성불(見性成佛)이라고 한다. 자신의 가장 깊은 성품, 즉 본래 자기를 보고 깨닫는 것이다. 더 구체적으로 말하면 그것과 하나가 되는 것이다. 하기야 이것은 불교 자체의 목표라고도 할 수 있다. 이 목표에 닿기 위해 선불교도들이 특별히 고안한 방법은 무엇일까? 여기에 선불교의 독특한 면이자 중국인 특유의 깨닫는 법이 나온다. 선불교가 가장 중국적인 불교라고 했을 때 여기에서 그 특징이 발견된다. 선불교도들은 경전을 보고 오랫동안 명상을 해서 그 결과로 서서히 깨닫는 것을 좋은 방법이라고 생각하지 않았다. 대신에 한꺼번에 갑자기 깨닫는 법을 만들어냈다.

이것은 경전이나 논리를 중시해서 차근차근 깨달아 나가는 인도의 분석적인 방법과는 아주 다르다. 분석보다는 직관적인 통찰을 중요시하는 중국인이 만들어낼 법한 방법이다. 이것을 일컬어 보통 돈오(頓悟, sudden enlightenment)라고 한다. 점진적으로 수련을 하여 깨닫는 것이 아니라 앞에서 보았던 혜능이 시장에서 『금강경』 한 구절을 귀동냥해서 듣고 갑자기 깨쳤듯이 그런 식으로 어느 한순간에 불현듯 깨달을 수 있다는 것이다.

그럼 정말로 선불교도들은 아무것도 안 하고 있다가 갑자기 깨칠 수 있다고 생각한 것일까? 그럴 수는 없는 일이다. 이렇게 갑자기 깨닫는 것을 돕기 위해 중국의 불교도들은 그야말로 천재적인 방법을 생각해냈다. 이것이 그 유명한 공안 혹은 화두를 매개로 깨치는 법이다. 공안 혹은 화두를 굳이 영어로 번역하면 'nonsensical story' 쯤 된다. 한마디로 말이 안 되는 이야기들이다. 예를 들면, "한 손바닥으로 나는 소리를 찾아와라"라든가 "부모에게서 태어나기 이전의 네 본래 (진)면목을 찾아오라"든가 하는 것이 그것이다. 혹은 불법이 무엇이냐는 질문에 "똥막대기"라느니 "뜰 앞에 잣나무니라"고 대답하는 것들이 모두 그것이다.

그래서 한국의 일상어법 가운데에도 어떤 사람이 엉뚱한 소리를 할 때 "저 사람이 선문답한다"고 한다. 손바닥은 마주 쳐야 소리가 나는 법인데 한 손으로 내는 소리를 찾아오라니 어불성설이고 부모에게서 태어나기 전이면 아직 내가 이 세상에 존재하기도 전인데 참나를 찾아오라니 이것 역시 말이 안 되는 것이다. 참선을 하는 승려들은 이런 말도 안 되는 이야기들을 가지고 다리를 틀고 앉아 무섭게 집중하면서 명상을 한다. 오로지 화두에만 매달린다. 다른 생각을 해서는 안 된다. 그저 '왜 똥막대기일까?' 와 같은 식으로 끊임없이 자신에게 되풀이해서 물어야 한다. 심지어는 잘 때에도 화두를 놓아서는 안 된다고 하니 얼마나 집중을 해야 하는지 알 수 있다. 그래서 나중에는 생각하는 자신은 사라지고 공안만 남아야 된다. 이것은 공안과 하나가 되어야 한다는 이야기이다.

그럼 선불교도들은 왜 이런 말도 안 되는 이야기에 그렇게 강한 집중 명상을 할까? 여기에 많은 해석이 있지만 가장 그럴듯한 해석은 이러한 명상법이 이성(理性)의 작용을 멈추게 하기 위한 것이라는 것이다. 앞에서도 여러 번 언급했지만 절대 실재는 이원론적인 사고에 익숙한 이성으로는 결코 알 수 없다. 그러면 우리는 절대 실재를 결코 알 수 없는 것일까? 그렇지 않다. 우리는 절대 실재를 알 수 있는 능력을 이미 다 갖추고 있다. 우리가 이 절대 실재에 다가가지 못하는 것은 사물을 이원론적으로 분별하는 이성을 사용하고 있기 때문이다. 절대 실재는 이성이 아니라 직관으로써만 파악이 가능하다. 직관은

심우도

한순간에 전체를 파악하기 때문이다. 이러한 직관적인 인식 능력은 우리에게 항상 갖추어져 있다. 문제는 이 훌륭한 능력이 이성이 작동하고 있는 한은 깨어나지 않는다는 데에 있다. 이성을 사용하는 한 신(神)도 체험할 수 없고 깨달음도 얻을 수 없다. 따라서 우리가 종교에서 말하는 절대적인 경지에 가기 위해서는 이 이성이 작용하는 것을 멈추게 해야 한다. 공안 혹은 화두는 바로 이 이성적인 사고를 멈추게 하기 위해 만들어진 것이다. 공안이 아무 의미도 없는 난센스로 되어 있는 것은 우리로 하여금 어떤 생각도 일으키지 못하게 하기 위해서이다. 만일 공안 스토리가 있는 이야기로 되어 있으면 우리의 이성은 또 여러 가지를 생각하기 시작할 것이다.

선불교에서는 "한 생각만이라도 내면 진리와 사만팔천 리 떨어지게 된다"고 주장한다. 일정한 생각을 하게 되면 그것이 어떤 것이든 우리의 참된 자아가 아니라, 생각하는 주체로서의 자기가 아니라 생각되는 객체로서의 자기만 인지될 뿐이다. 생각된 자기는 참나가 아니라 주위에 의해서 형성된 자기이다. 선가에서 직지인심(直指人心)이라고 하는 것은 바로 이것을 말한다. 생각된 내가 아니라 그 생각하는 주체를 직접 가리켜야 한다는 것이다. 이렇게 하려면 생각해서는 안 된다. 생각하면 객체적 자기만 떠오를 뿐이다. 이것은 간단한 일 같지만 가장 어려운 일 중에 하나이다. 그래서 선가에서는 깨닫는 일이란 세수할 때 코 만지는 일보다 더 쉽다고 한다.

어쨌든 우리가 자신으로 하여금 생각을 하지 못하게 만들기 위해서는 공안처럼 말도 안 되는 이야기를 끊임없이 되뇌어야 한다. 이게 처음에는 잘 안 된다. 수년, 수십 년의 세월이 필요하다. 이렇게 항상 공안만 '들고' 있으면 어느 날 소식이 온다. 아주 사소한 외부 자극에 갑자기 깨달음을 얻는다. 가령 새소리를 듣다가도 갑자기 깨달을 수 있고 돌이 떨어지는 소리를 듣다가도 깨달음을 얻을 수 있다. 그런데 이런 깨달음이 그리 쉽게 오는 것은 아니다. 그래서 혹자는 선을 하다 깨닫는 것은 마치 로또 복권에 당첨되는 것과 같다고 말한다.

아까 한국 불교는 선불교 중심으로 되어 있다고 했는데 그래서 그런지 한국 절에는 선과 관계된 것들이 많다. 그중에서 선과 관계된 것으로 법당 벽에 그려져 있는 심우도(尋牛圖) 혹은 십우도(十牛圖)와 같은 그림은 주목할 만하다. 이 그림은 소를 찾는다는 뜻에서 '심우도'라 하기도 하고 그런 그림이 열 장이 있다고 해서 '십우도'라고 하기도 한다. 여기서 소는 바로 참나를 뜻한다. 그런 나를 찾는 과정이 열 단계로 나누어져 있어 십우도라고 하는 것이다. 한 소년이 소 발자국을 발견하고 그 소를 찾아 길들여가는 과정을 구체적으로 묘사한 그림이다. 다 깨달은 다음에 다시 시장으로 내려오는 모습은 매우 인상적이다. 선은 뛰어난 수련법이라 생겨난 지 천년이 지났지만 아직도 많은 인류에게 큰 빛을 선사하고 있다.

## 중국 실천 불교의 대표주자 : 정토불교

불교가 처음에 자력 종교로 시작했다는 것은 누누이 말한 대로이다. 그러나 신자의 대부분을 차지하는 일반 민중들에게 자력이란 너무 어려운 일이다. 그래서 불교에도 다른 힘을 빌려 구원에 이를 수 있는 가르침이 나오게 되는데 그 대표주자가 정토불교이다. 정토라고 하면 일반 독자들은 다소 생경할 텐데 직역하면 '깨끗한 땅' 이다. 쉽게 말해 보통 극락이라고 불리는 곳이다. 그러니까 이 불교 종파는 깨달음보다 극락 가는 것을 목표로 한다고 할 수 있다.

극락(極樂)이란 무엇인가? 말 그대로 쾌락이 극에 달한 곳이다. 경전에는 이러한 극락에 대해 자세하게 적어 놓고 있지만 말로 형용할 수 없이 아름다운 곳이라는 것과 부처님의 설법을 항상 들을 수 있고 자비와 기쁨과 관용과 평화와 같은 온갖 좋은 덕이 넘치는 곳이라는 정도만 언급하자. 여기에서는 정토에 가는 것이 목적이라고 했지만 사실 정토란 불교도들에게도 과정에 불과하다. 불교도의 영원한 목표는 어느 땅에도 태어나지 않는 해탈이기 때문이다. 사람이 죽어 다시 정토에 태어난다고 하지만 거기서 그치지 않고 그곳에서 더 도를 닦아 해탈을 얻어야 한다. 이것이 원래 정토종의 목표라 할 수 있다. 그런데 관행적으로 거의 대부분의 정토종 신자들은 극락에 태어나는 것을 목적으로 하고 있다.

그런데 이곳은 어떻게 하면 갈 수 있을까? 물론 죽어서 가는 곳이지만 가는 방법은 아주 간단하다. '아미타 부처님께 귀의합니다' 라는 뜻의 '나무아미타불' 이란 주문을 열 번만 외우면 된다. 아니 그것도 못하면 한 번만 해도 되고 그것도 하기 어려운 상황이면 한 번만 생각해도 된다. 그럼 기독교인이 해도 똑같을까? 아무 관계 없다. 남녀노소에 관계없이, 종교에 관계없이 누구나 나무아미타불만 외우면 죽어서 모두 극락으로 직행이다. 그런데 어떻게 이런 일이 가능하게 되었을까?

이에 대해서는 불교계에 내려오는 이야기가 있다. 어떤 스님이 큰 서원을 세우고 수행을 했는데, 그것은 앞으로 자기가 부처가 되었을 때 사람들이 자기 이름을 외우기만 하면 죽은 후에 무조건 신이 주재하는 극락에서 다시 태어날 수 있게 한다는 것이었다. 드디어 그는 깨달아 부처(아미타불)가 되었고 그 바람은 실현되었다. 이게 정토불교의 시작이다. 이런 정황은 이 부처의 이름에서 읽혀진다. 아미타란 '무한한 빛(무량광, 無量光)' 혹은 '무한한 목숨(무량수, 無量壽)'을 뜻한다. 그래서 이 부처를 모신 법당을 대웅전이라 하지 않고 극락전 또는 무량수전이라고 한다. 극락은 말 그대로 아미타불이 주재하는 천당을 의미하는 것이고 무량수전은 무량수불을 모신 전이라는 뜻이다. 무량수전이라는 단어는 독자들에게 꽤 익숙하게 들릴 것이다. 한국에서 가장 아름다운 목조 건물이라는 부석사의 무량수전이 생각나기 때문일 것이다. 이 건물에도 예외 없이 아미타불이 모셔져 있다.

그런데 이 이야기가 정말일까? 사실 여부만 따지면 이런 종교적인 설화는 사실일 수 없다. 그러나 여기에는 다른 차원이 있다. 불교에서 중시여기는 방편신앙이 그것이다. 불교는 원래 자기 힘으로 깨달아야 한다. 그러나 거개의 중생들은 그럴 만한 능력을 갖추고 있지 못하다. 무엇인가를 믿고 그 힘에 의지해 구원을 얻고 싶은 게 솔직한 소망이다. 그래서 나온 게 타력신앙이다. 이와 같이 보통의 사람들을 위해 불교에서는 이런 신앙 체계를 만들어낸 것이다. 조금이라도 중생들로

**무량수전** 부석사, 고려시대, 국보 제18호, 이창호 사진

하여금 깨달음에 가깝게 다가가게 할 수 있다면 무슨 일이라도 하는 것이다. 자신이 극락에 갈 수 있다는 믿음이 생기면 그 사람의 일상 자체가 바뀔 수 있다. 큰 위안을 얻고 다른 사람들을 위해 살 수도 있고 삶에 자신을 가질 수 있을 것이다. 그러나 앞에서 말한 것처럼 아미타신앙은 극락에 태어나는 것으로 끝나는 것이 아니다. 거기서 다시 수행을 거듭해야 한다. 그래서 결국은 깨달음을 얻어야 한다. 그러나 관행적으로는 극락에 다시 태어나는 것을 목적으로 하는 것으로 정착된다.

이 아미타신앙은 불교 종파 가운데 기독교와 가장 가까운 것으로 간주되는데 타력을 이용해서 구원을 얻는다는 의미에서 그러하다. 예수의 공로를 받들어 천당에 태어나는 것이나 아미타불의 원력을 빌어 극락에 태어나는 것이 똑같은 구조이기 때문이다. 그리고 인간의 죄성을 강조하는 면에서도 닮은 점이 있다. 우리가 극락에 갈 수 있는 것은 염불을 했기 때문이 아니라 철저하게 아미타불이 베푼 은혜 덕분이다. 그런데 죄를 많이 질수록 그 은혜가 커진다. 죄가 크면 아미타불의 은혜나 자비를 더 강하게 믿게 되고 그 결과 더 큰 은혜를 입게 되기 때문이다. 그래서 일본 정토종의 원조처럼 되어 있는 친란(親鸞, 1173~1262)은 "선한 사람도 왕생하는데 하물며 악한 사람이랴"라는 대단히 역설적인 주장을 한 것으로 유명하다.

아미타신앙은 계속 발전해서 나중에는 서방정토와 아미타불에 대한 급진적인 해석이 생기게 된다. 즉 극락이란 죽어서 가는 저 멀리에 있는 영토가 아니라 이 사바세계, 혹은 더러운 땅이라는 의미에서 예토(穢土)라고 하는 우리의 세상이 바로 정토라는 것이다. 비이원론 혹은 불이론을 기조로 하고 있는 불교다운 해석이라 하겠다. 여기에는 이 사바세계를 극락세계로 만들겠다는 결연한 의지도 포함된다. 아미타불도 굳이 멀리 가서 찾지 않는다. 나와 아미타불은 둘이 아니기 때문이다. 내 마음이 바로 아미타불의 마음이다. 죽어서 그의 공력으로 극락에 가는 것이 아니라 내 마음이 아미타불이니 내가 나를 구원하는 것이다. 이렇게 생각하면 아미타불이란 참나의 다른 이미지에 불과하다고 할 수도 있겠다.

아미타신앙에 대한 설명을 마치기 전에 한 가지 부언할 것이 있다. 이 신앙은 동북아시아 불교에서 가장 대중적인 신앙으로 자리잡게 되었는데 불교도들이 자주 '나무아미타불 관세음보살'이라는 염불을 하는 모습을 쉽게 목격할 수 있다. 여기서 '나무'란 산스크리트어로 귀의한다는 뜻이다. 그러니까 아미타불에게 귀의한다는 뜻이 된다. 그런데 왜 관세음보살의 이름도 되뇌는 것일까? 물론 관세음보살이 자비의 화신이기 때문에 그런 것도 있겠지만 더 큰 이유는 관세음보살이 아미타불을 보좌하는 역할을 하고 있기 때문이다. 절에 가면 많은 경우 가운데에 불상이 있고 옆에서 보살들이 보좌하는 역할을 하고 있는 것을 발견할 수 있다. 이 보살들을 협시불(挾侍佛)이라고 부르는데 가운데 주불이 누구냐에 따라 그 짝이 달라진다. 관세음보살은 아미타불이 거느리는 보살 가운데 하나이다. 관세음보살과 짝을 이루는 또 다른 보살은 보통 대세지보살이라 불리는데 일반 독자들은 그런 자세한 것까지 알 필요가 없을 것 같다.

한국에서도 이 신앙은 대중들에게 가장 인기가 있었다. 그래서 한국의 승려 가운데 가장 뛰어난 원효스님(617~686)은 자신이 뛰어난 학승이었지만 대중 교화를 할 때에는 이 정토신앙을 가지고 불교를 전파했다. 이 전통은 계속 이어져 보통의 한국인들이 불교 하면 떠오르는 이미지가 스님이 합장을 하고 '나무아미타불 관세음보살'을 외는 것일 정도로 우리에게는 친숙한 불교 전통이 되었다. 모두 이 종파가 불교 종파로서 가장 널리 알려져 있다는 것을 방증해 주는 것이리라.

# Ⅲ 한국 불교의 전개

**한국의 종교 문화를 결정한 종교, 불교**

**현대 한국 불교의 특징과 모습은?**

그렇다면 불교는 우리에게 무엇일까? 무교가 한국인들의 신명을 키우고 유교가 한국인들의 사회적 성격을 결정했다면 불교는 한국인들의 종교 문화를 형성했다고 할 수 있겠다. 만일 조선의 국교가 고려에 이어 불교였다면 사정이 완전히 달라졌을 것이다. 가령 한국인들의 의식 구조나 사회 관습은 지금과는 달리 불교의 영향을 받아서 매우 불교적인 성향을 띠게 됐을 것이다.

금동보살입상 고구려시대, 국립중앙박물관(중박 200705-191)

## 한국의 종교 문화를 결정한 종교, 불교

이렇게 해서 불교는 중국을 거쳐 372년 드디어 당시 삼국의 하나였던 고구려로 들어오게 된다. 그리고 10여 년 뒤에 또 다른 왕국인 백제로 수입되고 100여 년 뒤에는 당시 가장 뒤처져 있던 신라로 불교가 유입된다. 따라서 여기서는 지루할 수 있는 역사 이야기를 피해서 유물 중심으로 한국 불교에 대한 설명을 풀어나가려고 한다. 그와 더불어 중요한 것은 현대에 사는 한국인들에게 불교가 어떤 의미를 갖느냐는 것이다. 한국 불교가 신라 시대 때 가장 융성하고 조선 조 때 박해를 받았다는 것도 현대의 우리와 관계가 있기 때문에 중요한 것이다.

그렇다면 불교는 우리에게 무엇일까? 무교가 한국인들의 신명을 키우고 유교가 한국인들의 사회적 성격을 결정했다면 불교는 한국인들의 종교 문화를 형성했다고 할 수 있겠다. 만일 조선의 국교가 고려에 이어 불교였다면 사정이 완전히 달라졌을 것이다. 가령 한국인들의 의식 구조나 사회 관습은 지금과는 달리 불교의 영향을 받아서 매우 불교적인 성향을 띠게 됐을 것이다. 예를 들어 집에서 제사를 지내는 풍습도 생기지 않았을 것이고 권위주의도 지금처럼 기승을 부리지 않았을 것이며 여성도 지금보다 더 자유로운 생활을 영위할 수 있었을 것이다. 그러나 불교는 조선조에 들어와 많은 재산을 뺏기고 승려는 천민 계층으로 추락했을 뿐만 아니라 절은 도심에서 산간으로 쫓겨나면서 사회의 실세 자리에서 벗어나게 된다. 그런 역사가 500년 남짓 지속된 결과 불교는 한국인들의 가치관 형성과 같은 무형의 문화에서는 그다지 족적을 남기지 못한다. 그러나 역사가 길뿐만 아니라 종교적으로 대단히 풍부한 상징물을 갖고 있는 불교는 그야말로 엄청난 규모의 유형 문화를 남기게 된다. 지금 한국의 문화재 가운데 70% 이상이 불교의 산물임을 감안한다면 이러한 상황을 잘 알 수 있을 것이다. 이러한 정황 때문에 앞으로 한국 불교를 설명해가는 데에도 유적을 중심으로 보겠다는 것이다.

## 현대 한국 문화에 남은 불교의 모습들

불교가 조선 시대에 박해를 받아 그 영향력이 많이 줄었다고는 하지만 역사가 1,600년이라 우리는 그 기간을 결코 무시할 수 없을 것이다. 그래서 불교는 우리 생활 곳곳에 족적을 남긴다. 그중에서도 한국인들이 쓰는 언어에 나타난 불교의 영향은 괄목할 만하다 하겠다. 지금부터 보려는 단어들은 한국인 자신들도 그 용어가 불교에서 비롯됐는지 모르는 경우가 많다. 이 단어들이 워낙 일상화되었기 때문이다. 지금 한국인들이 가장 많이 쓰는 단어 중의 하나가 '공부'라는 단어일 것이다. 그런데 원래 공부라는 단어는 선가(禪家)에서 스님들이 참선하는 것을 가리키는 단어였다. 예를 들어 '공부 많이 했느냐' 하면 그것은 참선을 많이 했느냐고 묻는 것이다. 그런데 이 단어가 어떤 과정을 거쳐서 한국인들의 일상 용어가 됐는지 모르지만 현재는 주지하다시피 학교 공부라는 의미로 쓰이고 있다.

이렇게 흔한 말이면서 불교 기원설이 잘 알려지지 않은 단어에는 또 '의식' 이라는 단어가 있다. 이 단어가 앞에서 살펴본 유식학에서 우리의 마음을 지칭할 때 썼던 단어라는 것을 아는 한국인은 거의 없을 것이다. 이런 단어에 비해 '인연' 이라는 단어가 불교에서 온 것이라는 것은 비교적 알기 쉽다. 원래 인연에서 인은 직접적인 원인을 뜻하고 연은 간접적인 원인을 뜻하는 것이었다. 예를 들어 하나의 식물이 탄생하기 위해서는 씨앗이라는 직접적인 원인이 있어야 하고 그 다음으로 흙과 물, 햇빛 같은 간접적인 원인이 있어야 하는 것이다. 원래는 이렇게 다소 복잡하게 쓰이던 단어였는데 지금은 단순히 연관이나 관계를 뜻하는 일반적인 단어가 되었다.

그리고 순간을 이르는 '찰나' 도 불교에서 들어온 단어이다. 아주 짧으면서 시간으로 간주될 수 있는 기간을 불교에서 찰나라고 했던 것이다. 그런가 하면 '극락' 이라는 단어가 불교 용어인 줄 아는 사람도 흔치 않을 것이다. 극락이란 말 그대로 즐거움이 극에 달한 곳을 말하는 것이다. 이른바 불교식의 천당이다. 그 외에도 '야단법석(野壇法席)' 이나 '이판사판(理判事判)', '이심전심(以心傳心)' 등의 사자성어들이 불교에서 왔다는 것은 재론할 필요도 없을 것 같다.

이와 같이 일상 용어에서 불교 영향이 많이 보이지만 지명에서도 적지 않은 불교적인 이름이 눈에 띈다. 그중에 산 이름에는 유독 불교식 이름이 많다. 예를 들어 문수봉 · 미륵봉 · 관음봉 · 보현봉 등이 그것으로 전국 산에는 이런 불교식의 이름이 도배되어 있다고 해도 과언이 아닐 정도이다. 비봉은 비로봉을 줄인 것으로 비로는 진리의 본체라고 일컫는 법신불(法身佛)의 원래 이름인 비로자나불의 약칭이다. 그러니까 비봉은 원래 비로자나봉이라고 불려야 한다. 이런 지명 중에 제일 재미있는 것이 바로 불광동에 있는 성당이다. 즉 불광성당인데 이것을 직역하면 부처님의 광휘가 빛나는 예수님의 교회가 되는데 참 웃기는 단어의 조합이 아닐 수 없다. 또 불국사 앞 동네에 가면 불국사 교회가 있었다. 이 이름을 풀이하면 '부처님 나라에 세워진 예수님 교회' 정도가 될 터인데 이런 이름이 얼마나 웃기는가 하는 것은 이야기할 필요도 없을 것이다. 이런 일이 생기는 것은 불교가 이 땅에 들어온 지가 워낙 오래 되어 생활에 밀접하게 침투해 있는 탓으로 생각된다.

지금까지 본 용어들은 불교와 직접 관련되어 있는 것들이지만 불교와 직결되지는 않지만 불교를 통해 인도 문화가 유입될 때 같이 들어온 용어들도 있다. 예를 들어 '쌀' 이나 '밥', '벼' 와 같이 쌀과 관계된 단어들은 모두 인도에서 들어온 용어라고 한다. 그리고 어머니나 할머니 경우처럼 한국어에서 여성을 호칭할 때 '니'자를 붙이는 것도 인도의 영향을 받은 것이라는 설이 있다. 남자 승려를 일컫는 '비구' 에 '니'자를 붙이면 여자 승려(비구니)를 지칭하는 것이 되는 것과 같기 때문이다. 반면 '건달' 이라는 용어가 인도의 신으로 춤과 노래를 좋아하는 '간다르바' 에서 온 것은 확실하다. 간다르바가 중국에서 건달파(乾達婆)로 번역되었는데 후에 여기서 '파' 자가 떨어져서 건달로 쓰인 것이다. 우리가 아무 일도 안 하고 노는 사람을 지칭할 때 쓰는 건달과 노래하고 춤추는 것을 좋아하는 간다르바 신은 개념상 분명 통하는 것이 있기 때문에 이렇게 쓰인 것이다.

그리고 우리말 '아궁이' 도 인도에서 불의 신으로 통칭되었던 '아그니' 에서 왔을 개연성이 충분히 높다. 이 두 단어가 발음이 워낙 비슷하고 불이라는 데에서 양자가 통하는 바가 있기 때문이다. 한국어에 유입되어 있는 인도어를 연구한 학자들에 의하면 현재 우리가 쓰는 한국어 가운데 수백 개의 단어가 인도어에서 기원한 것이라고 한다. 불교 문화 유입의 역사가 오래되었기 때문에 이만큼 많은 족적을 남기는 것이리라.

## 신라 불교 문화의 원형 : 백제

이제부터 우리는 한국에서 불교가 역사적으로 어떻게 전개되어 나갔는가를 볼 터인데 이를 위해 역사적 사실들을 하나하나 다 살펴보지는 않을 것이다. 그럴려면 삼국 시대나 통일신라기부터 보아야 하는데 이 시대가 중요한 것은 기실 이때 한국 불교 문화의 기초가 형성되었기 때문이다. 이 가운데에서도 특히 신라가 중요한데 그것은 불교적인 관점에서 볼 때 신라대에 불교 문화가 정점을 이루었기 때문이다. 예를 들어 한국 석탑사를 보면 이미 신라대에 최고의 석탑이 나오는데 그것은 다름 아닌 석가탑이다. 석가탑은 한국 석탑의 정형(定型)을 이루었다는 의미에서 그 가치가 대단하다. 쉽게 이야기해서 석가탑은 석탑으로서 최고의 모델이 된 것이다. 그런 까닭에 석가탑 뒤로는 석가탑을 능가하는 탑이 나오지 않는다.

그런데 이 신라 문화의 원형은 무엇일까? 이렇게 뛰어난 신라 문화는 어디서 왔느냐는 것이다. 바로 백제이다. 신라 불교 문화의 대개는 백제에서 건너간 것으로 보면 된다. 황룡사 9층탑을 지을 때에도 그랬고 석가탑을 만들 때에도 백제 계통의 장인들이 와서 지었다는 것이 그런 사실을 반증해 준다. 따라서 우리는 백제의 불교 문화를 살펴

**금동미륵보살반가사유상** 백제시대, 국보 제83호, 국립중앙박물관(중박 200705-191)

보아야 하는데 백제 문화는 남아 있는 게 별로 없다. 따라서 검토할 만한 게 별로 없지만 그 없는 것 가운데에서도 몇몇 유물은 가히 세계적이다. 그중에서 불상을 먼저 보자. 물론 서산에 있는 마애삼존불도 좋지만 그것은 백제의 소박한 정취를 보여주는 유적은 될 수 있어도 이른바 글로벌 스탠더드라고 하기에는 좀 부족하다고 할 수 있다.

그러면 백제 것이면서 세계적인 수준의 불상은 어떤 것이 있을까? 바로 일본 교토[京都]의 광륭사에 있는 미륵반가사유상을 들 수 있겠다. 이것은 일본 국보 제1호로 되어 있을 정도로 그 작품성을 인정받고 있다. 그런데 이 불상이 한국인, 그것도 백제인이 만들었다는 데에는 별 이견이 없다. 그것을 만든 재료가 한국에서만 나는 적송(赤松)이라는 것 등으로 그런 정황을 알 수 있다. 신라인이 만들었다는 설도 있지만 앞에서 말한 대로 신라 것은 대부분 백제 것이니 그냥 백제 것으로 보아도 무방할 것이다. 게다가 이 반가상과 거의 똑같이 생긴 것이 우리나라 백제 지역에서 나왔기 때문에 일본에 있는 반가상 역시 백제인들이 만들었다고 볼 수 있다.

이 불상을 두고 20세기의 최고 철학자 중에 한 사람이었던 칼 야스퍼스(Karl Jaspers)가 했던 말이 생각난다. 그는 "지금까지 본 조각물 가운데 이 불상만큼 인간 실존이 지닌 진정으로 평화스러운 모습을 구현한 예술품을 본 적이 없습니다. 이 불상은 우리 인간이 지닌 마음의 영원한 평화의 이상을 진실로 최고로 표징하고 있습니다"고 말했다. 자신이 일생 동안 보았던 서양의 수많은 종교 조각물들도 물론 뛰어난 것들이었지만 인간적인 감정이 완전히 순화되지 않은 채로 나타났는데 이 불상은 그렇지 않다는 것이다. 한마디로 말해 세계 최고의 종교 조각물이라는 것이다. 세계 최고의 지성이 한 말이니 정확한 것 아닌가 싶다. 백제는 바로 이런 세계 최고의 불상을 만들어낸 나라이다.

사실 백제 불상이라고 하면 반드시 언급해야 할 것이 또 하나 있다. 이것 역시 한국에 없어 안타깝긴 하지만 이 불상은 미륵상과 마찬가지로 일본 교토의 절에 있는데 그곳이 광륭사 반대편에 있는 법륭사이다. 이 절에는 물론 고구려 스님인 담징이 그린 관음보살 그림이 있는 것[40]으로 유명한데 그것 말고 이름이 아예 '백제관음'인 보살상이 있어 유명하기도 하다. 그런데 이 보살상과 관련해서도 유명한 이야기가 하나 전한다. 불란서의 세계적인 문호(文豪) 앙드레 말로가 일본에 왔다가 이 불상을 본 모양이다. 이 불상은 말할 수 없이 우아하게 생겼는데 앙드레 말로는 그 자태에 반했다. 그리고 이런 이야기를 했다고 전해진다. 만일 지구 전체가 폭발하게 되어 전 지구상에 있는 문화재 가운데 3점만 구하라고 한다면 자기는 그중의 하나로 이 불상을 고르겠다고 말이다. 가히 세계 최고 수준의 조각물인 것을 인정한 것이다. 백제의 문화 수준은 이렇게 높았다. 그런데 그 기술은 그대로 신라로 전달된다.

## 한국 불교 문화의 원형 : 신라

이렇게 백제 문화를 송두리째 계승한 신라는 통일 전후로 해서 최고의 불교 문화를 만들어낸다. 수도인 경주에는 헤아릴 수 없이 많은

40. 정확히 말해서 이 그림은 진품이 아니라 복제품이다. 진품은 보수 도중 불에 타는 사고가 나 영원히 없어졌다.

절과 탑이 있었다고 『삼국유사』의 저자 일연은 전한다. 이때 만들어진 것 가운데 세계적으로 인정받은 것은 말할 것도 없이 유네스코에 세계문화유산으로 등록되어 있는 석굴암과 불국사일 것이다. 우선 석굴암을 보자. 이 유적에 대해서는 정보나 자료가 대단히 많기 때문에 그중에서 중요한 것만 추려 보자.

한국예술종합학교에 있는 김봉렬 교수에 의하면 외국의 건축가들을 석굴암으로 데려가면 할 말을 잊는다고 한다. 세계에서 유례가 없는 유일한 인조 석굴이기 때문이다. 그리고 그 구조에 탄복해서 말을 잊는 것이다. 석굴 사원은 인도나 중국에는 흔한 것이다. 그런데 이들 나라에 있는 돌은 깎기가 편하기 때문에 굴을 파고 불상을 만드는 일이 어렵지 않다. 그에 비해 한국은 돌이 화강암으로 되어 있어 석굴을 파기가 매우 힘들다. 화강암을 쪼아서 굴을 만들 수가 없는 것이다. 그래서 나온 게 석굴암식의 인조 석굴이다.

이런 굴을 만드는 것은 지금 용어로 하면 세계 최고의 하이 테크닉이 필요할 정도로 엄청나게 어려운 일이다. 이 기술은 지금 보아도 대단한 것이니 당시의 수준을 감안한다면 신라의 기술력이 얼마나 뛰어난가를 알 수 있다. 돌을 쌓는 방식도 엄청나게 힘든 기술을 구사한 것이고 실내에 이끼가 안 생기고 적절한 습도를 유지하기 위해 설치한 통풍 장치 역시 지금도 흉내 내기가 쉽지 않다. 물론 전체적으로 대단히 정교한 기하학적인 모습도 잊어서는 안 될 것이다. 기하학적으로 완벽하게 설계되어 있는 그 자태는 당시 신라가 얼마나 정교한 문화를 지니고 있었는가를 보여준다.

이 유적은 공법만 훌륭한 것이 아니다. 예술적으로도 세계 최고이다. 석굴암은 20세기 초에 일본인들에 의해 재발견되었는데 그때 석굴암(혹은 본존불)을 측정한 일본인은 네 글자로 석굴암의 아름다움을 표현했다. 그 네 글자는 '동양무비(東洋無比)' 즉 '동양에서는 비교할 것이 없다'는 뜻이니 동양에서 최고라는 것을 의미한다. 당시 불교는 동양에만 있었으니 동양에서 최고라면 이것은 세계 최고의 것이라는 이야기가 된다. 석굴암의 높은 예술성은 이 한마디면 끝날 것 같다.

석굴암을 만든 고도의 기술과 미의식은 불국사에서도 그대로 나타났다. 불국사는 건물 자체로는 아주 뛰어난 것이라고 볼 수 없다. 기단 부분에 돌을 꽉 맞물리게 만드는 그렝이 공법을 사용하는 등 다른 건축물에서는 보이지 않는 세세한 것들이 있지만 그에 대해서는 자세하게 언급하지 않겠다. 반면에 아름다운 계단으로 주목받는 청운교, 백운교(그리고 칠보교, 연화교)는 어느 정도 언급이 필요한 부분이다. 불국사가 건축으로 주목을 받는 게 있다면 이 계단 때문인 면도 있는데 그것은 이 계단이 그저 기능적인 면만 갖고 있는 것이 아니라 그것 하나로도 훌륭한 건축적인 미를 갖고 있기 때문이다.

다른 건축물들의 경우를 보면 대부분 계단은 계단 이상도 이하도 아닌 계단으로서의 기능만 하는 경우가 많다. 반면에 불국사의 경우는 그 계단에 들어가 있는 의미가 참으로 크다. 특히 청운·백운교 같은 경우에는 계단 하나하나가 세계를 의미해 33개의 세계를 다 딛고 올라가면 불계(佛界)가 펼쳐진다는 심오한 뜻이 있다. 그리고 그 계단 자체로도 아름답고 훌륭한 건축물이기에 주목을 받는 것이다. 그러나 불국사를 불국사이게 만드는 것은 다른 곳에 있다.

사람들은 불국사에 가서 별 생각 없이 경내를 한 바퀴 돌아보고 그냥 나오는데 그것은 불국사의 가장 중요한 부분을 놓치는 것이다. 불국사의 핵은 바로 앞마당에 있는 두 탑이다. 다른 것은 평범할런지 몰

연화교 · 칠보교 불국사, 통일신라시대, 국보 제22호, 이창호 사진

석가탑 불국사, 통일신라시대, 국보 제21호, 이창호 사진

라도 이 두 탑은 실로 특이하다. 왜 특이하다는 것일까? 학생들에게 강의할 때 이 두 탑 중에 어떤 탑이 더 좋으냐고 물어보면 대부분 화려한 다보탑이 더 좋다고 대답한다. 그래서 나는 "초보자들은 다 다보탑이 좋다고 말하지만 시간이 흐르면 석가탑이 더 좋아질 것"이라고 말해 준다. 분명히 그렇다. 첫눈에는 다보탑처럼 화려한 것이 눈에 들어오지만 시간이 지나면 석가탑처럼 지극히 단순한 조형이 사실은 만들기 어렵다는 것을 깨닫게 된다.

원래 디자인 가운데에 가장 하기 어려운 것이 단순하게 가면서도 있을 것은 다 있게 만드는 것이다. 그래서 석가탑을 두고 한국 석탑의 최고 전형(典型)이라고 하는 거다. 가장 단순하지만 우아한 기품은 그 어떤 탑도 따라갈 수 없기 때문이다. 우리나라 석탑은 일찍이 석가탑에서 절정을 이루었기 때문에 석가탑 이후에 만들어진 탑들은 석가탑을 모방하거나 약간 변형해서 조금 다양하게 만드는 쪽으로 가게 된다. 약간 변형을 가한다는 것은 어떤 것일까? 예를 들면 공연히 탑 하단 사면에다가 불교 계통의 신들을 조각한다거나 사리함의 모습을 부조(浮彫)하는 것 등이 그것이다. 아니면 화엄사의 석탑 모양 맨 밑을 기둥으로 처리하는 등 여러 가지 다양한 모습으로 변형을 가하는데 아무리 그렇게 해도 원조인 석가탑을 따라가지는 못한다.

그런데 불국사의 뛰어난 조형미는 이렇게 탑을 하나씩 보는 데에 있지 않고 이 두 탑이 한 공간 안에 같이 있다는 데에 있다. 이 말이 무엇일까? 석가탑과 다보탑은 디자인적으로 보면 극과 극을 달리는 작품이다. 석가탑이 단순함의 극치를 달린다면 다보탑은 복잡함의 극치를 달린다. 또 석가탑이 고전적이라면 다보탑은 낭만적이다. 이렇게 극을 달리는 작품들은 한 공간 안에 놓지 않는 법이다. 이것은 일종의 금기 같은 것이다. 당연히 그럴 수밖에 없는 게 서로 너무 다르기 때문이다. 그런데 당시의 신라인들은 이런 금기를 깨고 정반대 되는 개념의 두 탑을 넓지 않은 공간에 같이 놓았다.

그런데 기이한 것은 이 두 탑이 서로 어울리지 않는다는 느낌이 전혀 들지 않는다는 것이다. 아니 오히려 기막힌 조화를 이룬다. 이렇게 서로 상반되는 것을 작은 공간에 같이 놓아서 조화를 이끌어내는 것은 엄청난 디자인 감각이다. 초절강의 디자인 실력이 있지 않으면 안 된다. 신라인들이 이것을 할 수 있었던 것은 당시 신라의 예술 감각이 하늘을 찌르고 있었기 때문이다. 그런 감각에서 석굴암과 같은 인류 최고의 걸작품이 나온 것이다. 그러나 그 뒤로는 신라인들이 자신들의 뛰어난 디자인 감각을 제대로 살리지 못한 것 같다. 그것은 그 후에 세우게 되는 탑들을 보면 알 수 있다. 그 뒤에 세워진 절에는 법당 앞마당에 석가탑류의 탑을 대칭적으로 두 개 세워 놓은 경우가 많다. 이렇게 같은 것 두 개를 대칭적으로 세워 놓는 것은 가장 안전하고 평범한 것이다. 파격이 전혀 없기 때문에 누구나 할 수 있는 것이다. 파격은 잘못하면 안 하느니만 못하다. 자기들 실력이 신라인의 그것에 미치지 못한다는 것을 알고 있기 때문에 평범하게 간 것이다.

통일신라를 전후로 한 시기에는 이렇게 유물만 뛰어난 것이 아니다. 사상적으로도 이 시기는 우리나라 역사를 통틀어서 가장 창조적인 시대 중에 하나로 손꼽힌다. 이때를 대표하는 불교학의 대가는 말할 것도 없이 원효이다. 원효는 이 시대만을 대표하는 사상가가 아니라 우리나라 전 역사 속에서 가장 창조적인 사상가로 간주된다. 한국 불교사를 통틀어 불교계에서는 원효를 능가하는 학자가 나오지 않았을 뿐만 아니라 유교 쪽에서도 조선조를 대표하는 학자인 이황이나

마애석불 경주 남산 칠불암, 통일신라시대, 이창호 사진

이이가 창조적인 면에서 원효를 능가하는 것으로는 보이지 않기 때문이다. 이렇게 보면 원효는 한국 전 역사에서 가장 뛰어난 학자라고 할 수 있다. 그가 대단히 뛰어난 학자라고 하는 데에는 여러 증거가 있다. 예를 들어 중국 화엄종의 삼대 조사인 현수(賢首)가 화엄경 소를 쓰다 막히면 원효에게 지극히 예를 갖춘 편지로 물어보았다고 하니 원효의 실력을 짐작할 수 있는 것이다.

원효는 학자로만 뛰어난 것이 아니다. 그는 한국 전체 종교사에서도 가장 뛰어난 종교가였다. 잘 알려진 것처럼 원효는 편안하고 안온한 승려 생활을 접고 대중 교화 전선으로 뛰어들어 수많은 신라인들을 불교로 귀의시켰다. 무애가(無碍歌)를 부르고 무애춤을 추면서 민중 속으로 파고들어 그들의 마음을 사로잡았던 것이다. 이러한 원효 이야기는 많이 알려져 있어 상세하게 설명할 필요를 못 느낀다. 간단하게 말해서 원효는 연구와 교화의 양면에서 두루 뛰어난 최고의 종교 사상가라 할 수 있다. 보통의 종교가들은 이 두 분야 중에 하나에서만 뛰어나는 경우가 많은데 원효는 종교의 본령이라 할 수 있는 두 분야에서 두루 뛰어났던 것이다. 그래서 그가 위대하다는 것이다. 물론 이 당시에 활약했던 불교 종교가 가운데 원효만 있었던 것이 아니라 우리가 잘 아는 의상 · 대현 등 기라성 같은 승려들도 있었다. 원효 같은 사람은 아무때나 나오는 게 아니다. 시대의 정신 수준이 어지간히 높지 않으면 그런 위인은 나오지 않는 법이다.

신라의 불교 관련 유적과 인물을 다 설명하려면 전집이 필요할 테지만 위의 내용만 가지고도 그 문화의 깊이와 높이를 가늠할 수 있을 것 같다. 그러나 세계에서 가장 아름다운 종소리를 낸다는 에밀레종이나 신라인 아니, 한국인 모두에게 성지라 할 수 있는 남산을 제대로 소개하지 못한 것은 안타깝기만 하다. 세계에서 가장 아름다운 소리를 낼 뿐만 아니라 그 자태도 중국이나 일본의 어떤 종보다도 뛰어난 에밀레종을 한국인들은 그저 경주국립박물관 뜰에 안치해 놓고 아무것도 하지 않고 있다. 어떤 서양인은 그런 종이 자기 나라에 있으면 박물관 하나는 족히 세운다고 했다. 남산도 그렇다. 이전보다는 많이 좋아졌지만 우리는 아직도 이 겨레의 성지를 제대로 보존하고 있지 못하다. 골짜기마다 탑과 불상이 즐비해 신라인의 불심이 돈독히 반영된 남산은 정녕 우리 겨레의 성지이다. 남산을 다녀오지 않으면 경주를 갔다 왔다는 말을 하지 말라고 할 정도로 남산은 경주에서 중요한 의미를 갖는다. 그리고 세계적으로도 인정을 받아 남산은 경주역사지구에 소속되어 유네스코가 선정한 세계문화유산에도 등재되어 있다. 독자들께는 만일 경주를 갈 기회가 있으면 꼭 남산을 다녀오라는 것으로 이 부분의 서술을 끝냈으면 좋겠다.

## 고려 불교의 상징-고려대장경

고려 역시 신라를 계승해 불교를 국교로 삼았기 때문에 불교적인 상황은 크게 달라질 것이 없었다. 다만 조금 다른 형태로 전개될 뿐이었다. 고려에 들어와 불교계에 생긴 변화 가운데 가장 큰 것은 아무래도 선종의 융성이라고 하겠다. 선종은 신라 말 중국으로부터 들어와 한국에 정착되는데 고려의 최고 승려인 지눌(1158~1210)이 선종의 승려임을 생각하면 고려 시대에 유행하던 불교 종파 가운데에 선종이 얼마나 중요한 위치를 점하고 있었는지를 알 수 있다. 불교 유물의 관점에서 보면 신라가 한국 불교 문화의 원형을 이룬다고 할 수 있지만 종파적인 입장에서 보면 고려가 현대 한국 불교의 원형을 이룬다고 할 수 있다. 그럴 수밖에 없는 것이 현대 한국 불교는 선종이 중심이 되어 형성되어 있기 때문이다.

현대 한국 불교에서 가장 대표적인 종파는 말할 것도 없이 조계종이다. 조계란 무엇인가? 앞에서도 언급한 대로 중국 선불교의 6조이지만 사실은 실질적인 교조라 할 수 있는 혜능이 주석하던 절의 뒷산이 바로 조계산이었다. 따라서 종파 이름을 조계종이라고 한 것은 자신들이 중국 선불교 전통을 이어받았다는 것을 나타내고 그런 선불교가 고려 때에 융성하여 드디어 지눌이라는 선종의 거목이 태어나게 되는 것이리라. 지눌은 사상적으로는 원효보다 다소 독창성이 떨어지지만 고려에서는 가장 뛰어난 승려라 할 수 있다.

고려에는 지눌 외에도 훌륭한 승려들이 많이 있지만 『삼국유사』를 지은 일연(1206~1289)에 대해서 언급을 하지 않는다면 그것은 적절치 못한 일이 될 것 같다. 일연이 이 책을 쓴 것은 원나라 간섭기이니까 고려 후기가 되겠다. 정치는 비록 원나라에 복속되어 있지만 천손(天孫)으로서 자긍심을 잃지 말라는 취지로 단군 신화를 한국의 역사책 가운데 제일 처음 기술한 것이 바로 이 책이었다. 그 외에 『삼국사기』가 유교식의 정사였던 관계로 넣을 수 없었던 수많은 설화와 신화들이 이 책에 실려 있다는 것도 지적해야겠다. 이 책 덕에 한국의 고대사는 많은 부분이 보완될 수 있었다. 만일 이 책이 없었더라면 한국 고대사는 엄청난 공백에 떨어질 뻔했을 것이라는 것이 역사학자들의 공언이다.

불교와 관계되는 유적 가운데 불화를 빼놓을 수는 없을 것이다. 그림 수준으로만 보면 당시 세계 최고의 그림이 고려 불화이다. 물론 이 그림은 송나라 것과 그 풍을 거의 같이하기 때문에 지금도 양국의 불화를 구별하기가 그리 쉽지 않다. 그래서 고려 불화는 고려적인 멋보다는 대륙적인 보편적인 미를 나타내는 것으로 명성이 높다. 말할 수 없이 사실적이고 화려하고 세밀한 것이 고려 불화의 특징이다. 그런데 안타깝게도 이 그림은 해외-특히 일본-에 더 많이 나가 있다. 고려가 제작한 많은 불교 유산 가운데 가장 두드러지는 것은 역시 고려대장경이라 할 수 있다. 고려 불교에 관한 이야기는 이 대장경에 집중하는 것으로 대신하는 게 제일 나을 것 같다.

고려대장경은 장경각과 더불어 유네스코에 세계문화유산으로 등재되어 있다. 그만큼 세계적으로 인정받았다는 것을 뜻한다. 고려대장

수월관음보살도 고려시대, 삼성미술관 리움

경의 특징을 한마디로 하면 한역(漢譯)된 대장경 중 현재 남아 있는 것 가운데 가장 오래된 것이라고 할 수 있다. 그리고 유일하게 완본으로 남아 있다는 점에서 우리의 대장경은 비상한 주목을 끈다. 물론 대장경이라는 것 자체는 중국에서 먼저 만들어졌지만 고려대장경보다 앞선 중국 것들은 모두 불에 타 없어져 우리 것이 가장 오래된 것으로 되었다. 그런데 우리는 이 대장경을 만들었다는 게 무엇을 뜻하는지 잘 알아야 한다. 그저 대장경을 만들었다는 것 자체로는 아무런 설명이 되지 못하기 때문이다.

우리는 이 책의 앞부분에서 동양이란 아예 불교 자체를 뜻할 수도 있다는 언급을 했다. 동양 전체를 불교가 적어도 한번은 섭렵했기 때문이다. 다시 말해 불교는 동양의 보편적인 이데올로기라 할 수 있다. 동양의 가장 기본적인 정신이 불교라는 것이다. 다소 과장일 수도 있겠지만 서양의 정신을 기독교라 하면 동양의 정신은 불교라 할 수 있을 것이다(여기서 이슬람이 빠지게 되는데 이슬람은 동양에 속하지만 서양과 동양의 가운데 있다는 의미에서 중양이라고 해야 한다는 의견이 있다).

그러면 불교에서 가장 중요한 것은 무엇일까? 말할 것도 없이 부처님의 가르침이다. 부처는 없어도 될지 모르지만 그의 가르침이 없으면 깨달을 수 없기 때문이다. 그 가르침을 모두 모아서 정리해 놓은 것이 바로 대장경이다. 따라서 이 대장경을 갖고 있다는 것은 불교의 가장 중요한 것을 갖고 있는 것이 된다. 불교의 가장 중요한 것을 갖고 있다는 것은 동시에 동양의 진수를 소지하고 있는 것이 된다. 앞서 본 대로 불교는 동양(의 정신)이라고 할 수 있기 때문이다. 그러므로 대장경을 만들고 그것을 소지하고 있다는 것은 고려(그리고 중국)가

해인사 팔만대장경판 고려시대

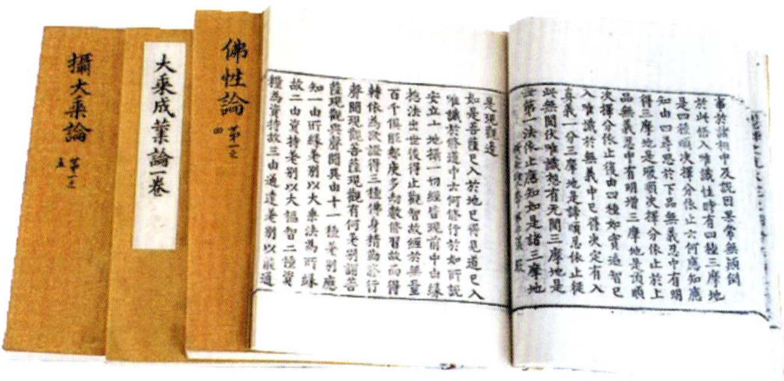

월정사 팔만대장경 판본 고려시대

장경각의 문  해인사, 임석재 사진

동양 문화의 중심에 서 있었다는 것을 뜻한다.

이 점은 일본 사신이 우리에게 와서 줄기차게 대장경을 요구한 사실로도 명백해진다. 동양의 끄트머리에 있어 상대적으로 많은 부문에서 처져 있던 일본은 대장경을 소지함으로써 동양의 주류 세계에 편입하려고 했다. 그러나 자신들의 기술이나 실력으로는 대장경판을 만들지 못했기 때문에 조선 조정에 끊임없이 경판을 달라고 요구했던 것이다. 이 목적으로 일본 사신이 온 횟수가 조선 초에만 80회를 넘었다고 하니 대장경에 대한 그들의 집념을 알 수 있다. 문화의 주류 세계로 편입되고 싶어했던 일본인들의 갈망을 잘 읽을 수 있다.

그러한 일본의 노력은 드디어 20세기 초에 들어오면서 결실을 맺게 된다. 아시아 제국 가운데 가장 먼저 근대화에 성공한 일본은 동양사상의 정리 작업에 들어가는데 그 작업 가운데 하나가 불교 경전을 정리하는 것이었다. 당시 일본은 북전 불교의 경전만이 아니라 남전 불교의 경전까지도 모두 정리해서 불교를 집대성하게 되는데 이때 전범(典範)으로 썼던 대장경이 바로 고려대장경이었다. 그만큼 고려대장경이 어떤 대장경보다 뛰어났기 때문에 모델로 이용한 것이다.

고려대장경은 포함하고 있는 경전의 숫자가 가장 많다는 것부터 해서 그 정확성이 가장 두드러진다는 것(그렇다고 전해 오는 속신처럼 오자나 탈자가 전혀 없는 것은 아니다), 또 서체가 빼어나게 아름다울 뿐만 아니라 인쇄술이나 출판술 역시 매우 앞서 있는 등등 여러 가지 면에서 타의 추종을 불허한다. 일본인들이 20세기 초에 만든 대장경은 '대정신수(大正新修)대장경'이라 불리는데 수록하고 있는 경전의 숫자는 고려대장경보다 많지만 오자나 탈자가 우리 것보다 많고, 결정적으로 우리 것은 아름다운 목판으로 되어 있는 것에 비해 일본 것은 활판 인쇄본으로 되어 있다는 점에서 서로 다르다고 하겠다.

고려대장경판이 만들어진 것은 누구나 아는 것처럼 몽골 침입 때이다. 교과서적인 설명은 고려 조정이 부처님의 가피력(加被力), 즉 부처님의 능력을 빌어 몽골군을 물리치기 위해 이 대장경을 만들었다는 것이다. 지금 생각해 보면 당시 전쟁하기에도 바쁠 터인데 왜 고려 조정은 국력을 이상한 데에, 그것도 미신적으로 보이는 데에 썼는지 이해가 안 될 수 있다. 이 문제에 대해 의심을 품는 사람은 많지 않은데 고려 시대가 아무리 전근대적인 사회라 하더라도 그렇게 생각 없이 주술적인 사고를 했을까? 당시 고려의 정치인들이 그렇게도 상식이 없었을까?

여기에는 다른 해석이 가능하다. 즉 대장경은 당시에 흐트러져 있는 국민들의 마음을 하나로 모아 전쟁에 효과적으로 대처할 수 있게 하는 방편이었다는 것이다. 쉽게 말해 대장경이 구심점이 되어 전 국민들이 일사불란하게 행동할 수 있게 해주었던 것이다. 그런 구심점을 만들려면 국민들의 마음에 절실하게 와 닿는 게 있어야 하는데 부처님이 우리 편에 있다는 것보다 더 좋은 게 없었을 것이다. 그래서 경판을 만들어 국민들을 안심시키고 그들의 마음을 하나로 묶은 것이다. 몽골군이 침입했을 때 이 대장경부터 먼저 불살라 버린 적도 있었다. 이것은 대장경에 의지하고 있던 고려 사람들의 마음을 흔들려는 속셈이었을 것이다.

고려 대장경은 왜 팔만대장경이라고 불릴까? 그것은 일단 경판이 팔만여 개에 달하기 때문에 생긴 이름이다. 각 판은 양면에 경전을 새겼으니 전체로 하면 그 면수가 16만 개가 조금 넘는다. 그리고 각 면의 글자 수가 300자가 넘으니 고려대장경의 전체 글자 수는 5,200만자를 조금 상회하게 된다. 이래서 고려대장경이 대단하다고 하는 것이다. 그렇게 글자가 많은데도 한 사람이 쓴 것처럼 정연해서 놀라움을 금치 못하게 한다. 또 한 글자 새길 때마다 절을 했다는 이야기가 있는데 이를 통해 대장경을 만들 때 얼마나 정성을 기울였는지를 알 수 있다. 그래서 다른 대장경들에 비해 오자나 탈자가 적은 것이다. 서체의 아름다움에 대해서는 불교를 박해했던 조선조의 명필들도 탄복한 것으로 알려져 있다.

고려대장경을 말할 때 장경각의 수준 높은 과학성에 대해서도 언급해야 하지만 그것은 불교와 직결되는 주제는 아니니 여기서는 생략한다. 나무를 보관하는 데에 있어 가장 우려해야 할 일은 습기를 적절하게 조절해서 경판이 뒤틀리거나 곰팡이가 끼지 않게 하는 것인데 장경각은 이렇게 기능하기 위해 과학적인 원리에 의해 건축되어 있는 것으로 이름이 높다. 그래서 대장경판이 700년 이상을 간 것이리라. 이 정도의 설명이면 아주 간략하지만 고려 불교의 특징을 본 것 같다. 재언하는 것이지만 사상적으로 볼 때 현대 한국 불교의 토대를 만들어 낸 불교가 고려 불교라고 보면 크게 틀리지 않을 것이다.

## 불교의 침체기-조선 그리고 일제기

한국 불교사를 서술할 때 조선으로 오면 침체기라고 쓸 수밖에 없으니 답답해지는 일이다. 신라부터 고려까지 천 년 동안을 국교로 있으면서 온갖 혜택을 받아 왔던 불교가 처음으로 엄청난 박해를 받게 되니 말이다. 고려 때까지 귀족처럼 대접받던 승려들이 무당이나 백정과 같은 천민 수준이 되었을 뿐만 아니라 한양성 같은 도성 안으로 들어올 수 없게 된다. 사정이 이렇게 되니 불교가 갖고 있던 토지나 노비 같은 재산들도 대거 몰수당하게 된다. 그런데 흥미로운 사실은 불교에 대한 박해가 이렇게 심했음에도 불구하고 불교계에서는 그 어떤 조직적인 저항도 없었다는 것이다. 이 사실을 두고 불교가 오랜 동안 지나치게 왕실이나 귀족들과 밀착되어 있어 그 후원 세력이 등을 돌리자 아무 소리 못하고 몰락했다는 해석도 있다. 만일 불교가 민중에 깊이 뿌리를 박고 있었다면 그렇게 저항 한번 하지 못하고 허망하게 몰락하지는 않았을 것이라는 것이다.

조선조 초에 불교가 억압당했던 모습, 즉 고려조에 있었던 국사제나 왕사제의 폐지 혹은 다양했던 종파들을 선(禪)과 교(敎) 양종으로 억지로 통합하는 등의 억압 정책에 대해서는 그다지 언급할 필요를 못 느낀다. 재미있는 것은 조선조가 불교를 이렇듯 억압했음에도 불구하고 초기의 왕들은 불교를 선호했다는 사실이다. 이성계가 무학대사를 거의 왕사처럼 대우했던 것은 다 아는 사실이고 즉위 초기에는 불교를 억압하는 데에 앞장섰던 세종도 나중에는 불교를 좋아해 궁 안에 법당까지 짓는다. 그리고 죽은 부인을 위하여 석가모니의 일대기를 적은 『석보상절』 같은 책을 만들기도 한다. 세종은 이 책을 수양대군에게 지으라고 했는데 세종은 이 책을 자신이 만든 문자인 한글로 번역하여 그 유명한 「월인천강지곡」을 짓는다. '월인천강' 이란 불교에서 유래한 용어로 달이 천 개의 강에 드리웠다는 의미이다. 이것은 화엄철학에서 말하는 것처럼 하나가 전부이고 전부가 하나라는 '일즉다 다즉일(一卽多 多卽一, one in many many in one)' 의 진리를 나타낸다. 그 후에 세조는 이 두 책을 합하여 『월인석보』를 만든다.

세조는 조선조에서 보기 드문 불교 옹호 군주였다. 불교와 관계해서 그가 한 사업 가운데 가장 중요한 것은 아무래도 『능엄경』이나 『금강경』 같은 주요 불교 경전들을 한글로 번역한 것을 들 수 있겠다. 이 외에도 세조가 지금의 탑골공원 자리에 원각사를 세운 일이나 불교에서 연유했다고 보아야 하는 「영산회상」을 작곡했다는 사실도 잠시 언급해야 할 것 같다. 「영산회상」은 조선의 정악 가운데 가장 최고로 치는 음악이니 이것을 작곡한 세조가 한국 국악사에서 차지하는 위치도 만만치 않다고 하겠다. 지금 탑골공원에서 원각사의 자취를 찾으려면 아직도 건재하고 있는 원나라풍의 석탑을 보면 된다. 정교하고 아름다운 석탑인데 산성비로 마모가 심해 현재에는 안타깝게도 탑을 보호하기 위해 전체를 유리로 덮어놓았다. 그래서 멀리서 아름다운 탑의 자태를 보는 일은 불가능하게 되었다.

조선 불교사에서 세조 이후에 생겼던 일 가운데 얼마간이라도 언급해야 할 것은 서산대사와 그와 관련해서 일어난 일이 아닐까 한다. 서산이 가장 유명하게 된 사건은 임진왜란 때 영규대사나 사명당과 같은 승려들과 함께 전쟁에 참여해 혁혁한 공을 세운 일일 것이다. 이때 벌어졌던 승군의 전투에 대해서 우리가 간과하는 사실이 있는데 그것은 현대 한국인들이 승군의 활약상에 대해 잘 모르고 있다는 것이다. 사실 승군의 활약은 수적으로나 실력으로 볼 때 유교식 이념에 뿌리박힌 의병의 활약을 훨씬 능가하는 것인데 그 평가가 공정하게 되어 있지 않다는 느낌이다. 예를 들어 남원에 있는 '만인의총(萬人義塚)'의 경우처럼 전사한 의병들을 위해서는 사당을 지어준 경우가 더러 있지만 임란 때 전사한 승군에 대해서는 그런 예우를 갖춘 경우를 제대로 보지 못했다. 또 다른 비근한 예로 유명한 금산 전투에서 조헌의 의병과 영규대사의 승병이 같이 싸웠지만 조정에서는 의병에 대해서만 무덤과 비를 만들어 주고 승병에 대해서는 아무 일도 하지 않은 것 역시 그러한 예에 속한다고 하겠다. 그러나 실제 전투에서 승병의 활약은 대단한 것이었다. 예를 들어 이순신 장군이 해전을 마음 놓고 할 수 있었던 것도 관군과 승군이 더불어서 육지로 도망쳐 올라오는 일본 수군을 막았기 때문에 가능한 것이었다. 학계에서는 아직도 승군의 활약에 대해서는 연구가 미진한 것 같다.

서산의 명성이 오늘날까지 전해질 수 있었던 것은 그가 임진란 때 큰 공적을 남겼기 때문이 아니라 그와 함께 많은 제자들을 거느렸기 때문에 가능했던 것이다. 불교에는 문중이라는 것이 있다. 같은 스승을 모시는 승려들이 자연스럽게 만든 사적인 집단이 문중이다. 이 문중은 오늘날에도 엄존하고 있는데 예를 들어 월씨(月氏) 문중이라고 하면 같은 항렬의 승려들의 법명에 '월운스님'의 경우처럼 '월' 자가 돌림자처럼 쓰이게 되는 경우를 말한다. 이들은 또 특정한 사찰들을 '소유(?)'하고 있어 이 절들의 주지직을 같은 문중에 있는 사람들에게 넘긴다.

그런데 서산 이후에 가장 번성했던 문중들이 많은 경우에 서산과 관계되어 있었기 때문에 자연스럽게 서산은 그들에 의해 조선의 대표적인 승려로 추앙받게 된다. 다시 말해서 서산 이후에 잘 나가던 승려들이 법맥으로 따지면 서산에 속해 있었기 때문에 자신들의 스승인 서산을 드높였던 것이다. 그리고 한국의 현대 불교가 주된 이념으로 삼고 있는 사교입선(捨教入禪), 즉 "경전 공부를 마치면 참선을 하러 간다"는 강령이 바로 서산에 의해 주창된 것임을 감안한다면 현대 한국 불교에 끼친 그의 영향을 알 수 있으리라. 그런 면에서 어떤 학자는 지금의 한국 불교는 서산종(西山宗)으로 불러야 한다고 주장하는

사명대사 부도 및 석장비 해인사, 이창호 사진

경우마저 있다.

조선 말에 들어오면 괴승 혹은 걸승으로 불렸던 경허라는 큰스님이 나타났고 또 그의 제자인 만공도 있었다. 만공스님은 몇 년 전에 열반한 한국 불교의 자존심이었던 성철스님의 스승 가운데 한 분이라는 점에서 우리의 주목을 끈다. 또 스님도 조선 말기 혹은 일제기에 불교를 대표하는 승려이다. 거국적인 행사였던 3 · 1운동 때 만해스님이 참석하지 않았다면 나중에 불교가 민족 앞에 어찌 고개를 들 수 있었을까 하는 생각이 들 정도로 당시 만해스님의 역할은 중요했다. 게다가 스님은 이 운동에 참석했던 민족 지도자 33인 가운데 거의 유일하게 변절하지 않고 일제로부터 자신의 존엄성을 지켜낸 분이다.

현재 한국 불교는 본산제(本山制)라는 가톨릭의 교구제와 비슷한 체제로 조직되어 있다. 본산제란 전국에 있는 사찰 가운데 큰 사찰을 30개 내지 31개로 추려 본사(本寺)로 지정하고 이보다 작은 사찰들을 말사(末寺)로 소속시켜 만든 조직을 말한다. 이 제도가 생긴 것은 일제기에서도 아주 이른 시기인 1911년의 일이었다. 당시 일제 당국은 식민지인 조선을 효과적으로 통치하기 위하여 우선 조선의 민족 문화라 할 수 있는 것들을 억압 내지 자신들의 통제하에 두는 여러 정책을 실시하는데 불교는 한국 정신 문화의 큰 기둥이었던 만큼 처음부터 그 대상이 된 것이다. 이러한 목적으로 그들은 불교를 철저한 통제하에 두고자 이렇게 교구를 제멋대로 나누고 그 본사 사찰의 주지를 자기네들이 임명하는 방식으로 바꾼다.

이런 과정을 거쳐 조선 불교는 점차 일제의 입맛에 길들여지는데 같은 선상에서 생각해야 할 것은 조선 불교의 일본화 현상일 것이다. 이 현상 가운데 가장 대표적인 것은 아무래도 일제가 한국 승려들을 강제로 결혼시킨 일이라 하겠다. 이 제도는 한국 승려들로 하여금 일본 불교의 제도를 그대로 따르게 한 것인데 그 결과 일제 말에 결혼한 한국 승려의 비율이 90% 이상이었다고 한다. 이 때문에 해방 후 한국 불교는 이른바 비구 대 대처승들의 처절한 싸움으로 돌입하게 된다. 당시 대처승에 비해 한줌밖에 안 되었던 비구승들이 대처승들의 절을 무력으로 환수하는 과정에서 한국 불교는 한동안 큰 혼란에 빠졌다. 이러던 차에 한국 불교는 독재 정권에 빌붙어 의식 있는 많은 국민들에게 실망을 안겨 주었다.

한때 한국 불교는 다시 일어나지 못할 것이라는 비관적인 시각이 팽배한 적도 있었다. 그러나 1990년대 중반기에 들어오면서 불교계에서는 개혁 운동이 강하게 일어났고 그 결과 이제는 조계종 총무원을 점거하려고 활극을 벌이는 일이 완전히 소멸되는 쾌거를 이루게 된다. 이러한 개혁에 힘입어 아직은 완만하지만 불교 신자들이 서서히 늘어나는 형국에 있고 불교계 전체도 그 전과는 비교가 안 되게 활발하게 움직이고 있다. 물론 아직도 한국 불교에는 풀어야 할 문제들이 산적해 있지만 1,600년이라는 장구한 역사를 지닌 전통답게 앞으로도 지속적으로 그에 걸맞는 발전을 할 것으로 예측된다.

**대웅전** 선암사, 이창호 사진

## 현대 한국 불교의 특징과 모습은?

이제 우리는 한국 불교를 찾아 떠나는 순례 여행의 막바지에 다다랐다. 여기서 우리는 결론격으로 현대 한국 불교가 가진 특징을 살펴보려고 한다. 특히 이웃 나라인 중국이나 일본의 불교와 비교해 볼 때 한국 불교가 어떻게 다른가를 보았으면 한다. 나는 우리 불교에 대해 생각할 때마다 그 가장 큰 특징을 중국이나 일본 불교와는 다른 독특한 불교 문화를 갖고 있다는 데에 두고 싶다.

흔히들 한국 불교는 중국 불교의 아류 혹은 연장이라고 생각하기 쉬운데 그렇지 않다는 것이다. 건축 양식이나 승려 복장, 조직이나 교육 체계 같은 것들이 중국과 명백히 다른 모습을 보이는 것은 금세 알 수 있는 현상이다. 그러나 여기서 주목하고 싶은 것은 그렇게 드러나 보이는 것 말고 한국 선종의 전체적인 모습과 관계된 것이다. 선종과 관련지어 말할 때 한국 불교는 동북아시아 불교에서 가장 정통적인 모습을 지니고 있는 것으로 생각된다.

그것은 현재 우리나라 절에서 법회를 하는 모습을 보면 알 수 있다. 절에 가면 대웅전이라는 전각이 있다. 그 안에는 주불상이 가운데에 있고 그 옆에는 부처의 조수라 할 수 있는 보살들의 상이 있다. 그리고 불단 앞에는 큰스님들이 설법을 할 수 있는 법좌가 있다. 법회 때

큰스님은 이 자리에 올라가 앉는다. 이 자리는 불상 바로 앞이니 엄청나게 높은 자리임에 틀림없다. 큰스님이 이 자리에 올라가면 참석한 대중들은 절을 하면서 예를 올린다. 그러면 스님은 큰 지팡이라 할 수 있는 주장자(柱杖子)를 들어 세 번 내리친다. 그리고 곧 깨달음의 노래라고 번역할 수 있는 게송(偈頌)을 읊는다. 그 다음에는 청중들에게 "이 소식을 못 알아듣겠는가?" 하는 식의 질문을 던지는 수도 있다. 이것은 이미 설법은 다 끝났다는 것으로 해석될 수 있다.

사실 선에서 말하는 궁극적인 단계란 우리의 마음에서 어떤 생각이나 개념화 작용이 일어나기 전의 단계를 말하는 것이라 이미 처음에 주장자 한 번 내리쳤을 때에 설법은 끝났다고 할 수 있는 것이다. 이런 스님의 질문에 아무 반응이 없으면 스님은 설법을 시작한다. 그리고 설법을 다 한 다음 마지막에 게송을 또 읊조리고서 전체 설법을 끝내게 된다. 혹 용감한 젊은 승려가 있어 큰스님의 질문에 답을 하는 경우가 있는데 현대에는 이런 모습을 발견하기가 어려운 것 같다. 이런 광경에 익숙하지 않은 독자들은 이 광경이 선연하게 들어오지 않을 수 있을 터이지만 이것은 현대 한국 불교 사찰에서 심심치 않게 벌어지는 일이다.

그런데 우리가 주목해야 할 것은 이 같은 일의 원류가 중국 당나라의 불교에 있다는 사실이다. 임제 같은 당나라의 유명한 선사들의 책을 보면 바로 이런 광경이 그대로 펼쳐지고 있음을 알 수 있다. 이런 면에서 우리나라 선불교가 동북아 선불교의 정통을 잇고 있다고 한 것이다. 한국 선불교가 이렇게 된 데에는 그럴 수밖에 없는 이유가 있다. 만일 중국이 선불교의 전통을 그대로 잇고 있었다면 당연히 중국 불교에서 이런 모습이 고스란히 남아 있을 것이다. 그런데 중국은 공산화

절에서 전통적인 방식으로 법회하는 모습

되어 그 이후로 오랜 시간 동안 전통과 단절된 상태로 있었고 게다가 문화대혁명을 겪으면서 과거 전통들이 무참히 파괴되어 이러한 종교 전통은 모두 사라졌다. 또한 일본은 불교가 아주 빠르게 세속화되면서 거의 모든 승려들이 결혼하는 등 과거의 모습이 많이 사라진 것 같다.

이와 관련해서 한국 불교의 특징이라 할 수 있는 게 또 하나 있다. 주관적인 생각일는지 몰라도 한국 승려들의 치열한 구도열이 동북아 삼국에서 가장 앞서 있는 것 같다는 것이다. 한국에서는 아직도 많은 젊은이들이 단순히 깨닫겠다는 거창한 목표를 가지고 결혼도 포기하면서 출가를 한다. 유럽에서는 신부 지망생들이 너무 없어 야단이라던데 한국 불교는 그 면에서는 크게 걱정하지 않아도 될 것 같다. 아직도 적지 않은 젊은이들이 모든 것을 버리고 머리 깎고 산사로 들어가기 때문이다.

이렇게 출가한 젊은이들은 산사에 틀어박혀 깨닫겠다고 용맹정진 참선을 한다. 확실히 한국 승려들의 열렬한 구도열은 남다른 데가 있는 것 같다. 일본이나 중국에서는 그러한 젊은이들을 발견하기가 어렵기 때문이다. 이들 승려들의 생활 주기는 대체로 3개월이다. 일 년에 두 번씩 안거(安居)를 한다. 이것을 하(夏)안거 혹은 동(冬)안거라고 하는데 이때에는 절에서 나오지 않고 참선 같은 수행만 해야 한다. 이렇게 3개월을 지내고 나면 그 다음 3개월은 이른바 운수행각(雲水行脚)이라 불리는 수행을 한다. 운수행각이란 자기가 안거 동안 공부한 것을 가지고 여기저기 훌륭한 스승을 찾아다니면서 점검을 받는 것이다.

이들이 처음부터 이런 생활을 할 수 있는 것은 아니다. 정식 승려가 되고 일정한 교육을 받은 다음에나 이렇게 하는 것이 가능하기 때문이다. 본인이 출가를 결정하고 절에 가더라도 바로 승려가 되는 것은 아니다. 보통은 이런 사람들의 머리를 깎지 않고 얼마간 놔둔다. 그 승려 후보자가 정말로 종교적인 이유로 출가했는지를 점검하는 것이다. 많은 경우 이 단계에서 포기를 하게 된다. 그러나 후보자의 확실한 의지가 확인되면 머리를 깎고 행자로 임명한다. 행자란 선배 승려들을 위해 밥 짓는 일부터 시작해서 생활에 필요한 모든 자질구레한 일들을 책임지는 사람을 말한다. 그러니까 일종의 견습생이다. 사람들마다 다르다고는 하는데 원래 이 행자 생활을 한 3년 하는 것으로 되어 있다. 이 기간이 끝나면 사미계를 받는데 사미도 아직 정식 승려는 아니다. 사미의 단계는 승려와 행자 사이 일종의 중간 단계라 할 수 있다(그러나 사미와 정식 승려와의 차이는 모호하다). 이것까지 마쳐야 비구계 혹은 비구니계를 받아 정식 승려가 될 수 있다. 정식 승려가 된다고 달라지는 것은 없다. 가톨릭의 경우는 정식 신부가 되어야 미사를 드릴 수 있는 권한이 주어지지만 불교 승려들은 사제라기보다는 수도자에 가깝기 때문에 외형상 크게 달라질 것이 없다는 것이다.

불교에 관심 있는 일반 독자들은 한국의 스님들이 어떻게 수행을 하는가 궁금할 터인데 특히 선 수행에 대해서 더 궁금해 할 것 같다. 그 궁금증을 풀기 위해 선 수행 과정을 아주 간단하게 살펴보자. 수행자는 우선 자기가 평생 씨름해야 할 화두를 정해야 한다. 이 경우 선사들마다 조금씩 다르겠지만 내가 대학교 때 선을 배웠던 스님은 화두를 제자에게 그저 던져주는 것이 아니라 계속 혹독한 수행–삼천 배씩 매일 절을 하는 수행 등–을 시켜 그 관문을 통과해야 화두를 주었다. 이것은 아마 이렇게 어려운 과정을 거쳐 화두를 받아야 죽기 살기로 화두에 매달릴 것으로 생각한 것이리라.

이렇게 화두가 확정되면 수행자는 자나 깨나 그 화두에 몰입해야 한다. 화두에 몰입한다는 게 어떤 것인가? 좌선을 할 때에는 다리를 틀고 앉아 호흡을 깊게 하면서 강력하게 집중한다. 예를 들어 조주의 '무(無)'자 화두면 숨을 들이마실 때와 내쉴 때 '무'라고 속으로 되뇌면서 그 소리에만 집중한다. 그렇게 수행하다 다시 일상 생활로 돌아가면 그 때에도 어떤 형태로든 화두를 놓치지 않으려고 노력한다. 잠잘 때에도 의식을 놓지 않고 이 화두를 생각(?)해야 한다. 그러는 과정에서 무언가 깨닫는 게 있으면 스승에게 가서 점검을 받고 계속 수행에 매진한다.

이런 수행이 깊어지면 몇 년 전 타계한 성철스님처럼 눕지도 않고 기대지도 않은 채로 얼마씩을 지내는 일명 장좌불와(長坐不臥) 수행을 하는 경우도 있다. 이것은 어디에도 의지하지 않고 무소의 뿔처럼 혼자 가겠다는 결연한 의지를 보이는 수행이라 할 수 있다. 지금도 전국의 깊은 절에서는 스님들이 죽어라 하고 수행에 정진하고 있다. 우리가 이들의 존재를 잘 알 수 없는 것은 은밀한 곳에서 속세와 가능한 인연을 단절하고 수행에 매진하고 있기 때문이다. 이런 승려 덕에 한국 불교는 그 어려운 역경을 견뎌내고 오늘날까지 온 것으로 생각된다.

앞에서 우리는 한국 불교가 다른 나라 불교와 다르다고 했는데 그 대표적인 것이 바로 절의 건축 문화이다. 한국은 중국으로부터 불교를 받아들이고 일본에 불교를 전했지만 불교 문화는 이들 나라와 사뭇 다르다. 절의 모습 또한 그러한데 같은 나라 절이라도 다 똑같은 것은 아니지만 한국 절은 분명 그 구조가 중국이나 일본과 비교해볼 때 확연하게 다르다. 시작부터가 다르다. 한국 절은 일단 일주문부터 시작되는데 이런 구조는 중국이나 일본에서는 발견되지 않는다. 잘 알려진 것처럼 일주문은 기둥이 하나밖에 없기 때문에 붙여진 이름이다. 이 문은 그 독특한 구조 때문에 많은 주목을 받는데 역학적으로 볼 때 기둥 하나로 큰 덩치의 지붕을 견뎌내는 게 힘들기 때문이다. 그런 까닭에 외국 건축가들은 이 문을 아주 신기하게 본다고 한다.

그런데 왜 이런 건축적인 장치를 했을까? 이것은 아마도 불교의 일심(一心) 교리와 관계가 있을지 모른다. 일심이란 앞에서도 잠깐 언급한 것이지만 불교에서 말하는 절대적 실재라고 했다. 또 이것을 굳이 현대어로 옮기면 우주의식이라고도 했다. 불교에 따르면 우주에 존재하는 것은 이 의식뿐이다. 물질이란 이 의식의 작용에서 나왔다는 것이다. 추측컨대 이 문의 교리적 배경은 그런 데에서 연유했을 것이다. 이런 해석 외에 일반적인 해석도 있다. 예를 들어 이 문을 들어가면 세속의 번뇌를 직선적으로, 즉 깨끗하게 잊어버리라는 의미에서 기둥을 하나만 썼다는 것이 그것이다. 그런 생각을 갖고 일주문에 들어서

일주문

면 이제 절의 영역이 시작된다. 이제 우리는 부처님의 땅으로 들어서는 것이다.

그러나 일주문을 들어섰다고 해서 부처님의 땅으로 바로 들어온 것은 아니다. 부처님의 영역으로 들어가려면 정확히 말하면 불상이 있는 대웅전(과 그 앞 마당)까지 가야 한다. 일주문부터 대웅전 앞마당까지의 영역은 과도 공간이다. 이 공간에서 우리는 부처님 땅으로 가기 위해 스스로를 정화하면서 마음의 준비를 해야 한다. 한국의 절에는 보통 일주문 옆으로 해서 본 절까지 시내가 흐른다. 우리는 본 절까지 걸으면서 속세에서 갖고 온 온갖 번뇌를 시냇물에 실어 보낸다. 그렇게 우리의 마음을 깨끗하게 만들어야 한다. 그리고 이 법당까지

사천왕상 중 일부

가는 길은 직선으로 되어 있는 적이 거의 없다.

한국 절에서는 본 절의 건물을 한번에 보여주지 않는다. 항상 에둘러서 가기 때문에 본 절은 조금씩만 보인다. 나타날 듯하면서 좀처럼 그 모습을 완전하게 보여주지 않는다. 이게 한국적 미학이리라. 이 길에는 보통 한두 개의 문이 더 있는 경우가 많다. 그중에 가장 대표적인 것은 사천왕문이다. 이 문에는 무서운 얼굴을 한 사천왕이 지키고 있는데 이들은 원래 힌두교의 신으로서 불교가 가져다 불교를 수호하는 신으로 만들었다. 재미있는 것은 이들의 모습에서 불교가 실크로드를 따라 전달되었다는 증거를 발견할 수 있다는 것이다. 사천왕은 인도의 신이었기 때문에 얼굴은 인도인의 모습을 하고 있다. 그런가 하면 입고 있는 옷은 중국 원나라 장수의 옷이라고 한다. 여기서 그치면 별 재미없지만 그들이 들고 있는 칼은 또 조선 검이라고 하니 사천왕상은 인도와 중국과 조선의 문화가 융합되어 만들어낸 하나의 작품이라 할 수 있다.

이 사천왕문을 지나면 금강문 같은 문이 있는 경우도 있는데 이런 사정은 절마다 달라서 일률적으로 말하기 힘들다. 사천왕문 다음으로 중요한 문은 아마도 불이문(不二門)일 것이다. 이 문을 들어서면 드디어 불계로 들어서는 것이기 때문이다. 이 문은 보통 대웅전 앞마당 입구에 있다. '불이'란 불교의 진리를 의미한다. 불교에서는 가장 큰 문제를 선과 악을 나누고, 나와 남을 가르고 모든 것을 비교해서 구분을 하는 이원론(二元論, dualism)에 둔다. 우리 인간이 해탈을 하려면 바로 이 구별하는 행위를 멈추어야 한다. 세상에 있는 모든 것은 서로 다르지 않기 때문이다. 불계가 따로 있는 것이 아니라 이 사바세계가 불계이며 지혜가 따로 있는 게 아니라 우리가 갖고 있는 번뇌가 모두 지혜이다. 절대적 실재를 다른 곳에 가서 찾을 것이 아니라 바로 지금 여기에서, 내 안에서 찾으면 된다는 것이 불교의 기본적인 입장이다. 이 문을 들어서면 우리는 이원론을 초월해서 불이론으로 가야 한다. 이 불이문을 지나면 보통 강당을 만나게 되고 강당의 밑으로 들어가면 대웅전 앞마당, 즉 드디어 부처님 세계로 진입하게 된다. 예전에 이 강당에서는 불경을 공부했다. 법당이 예배 공간이라면 이곳은 학습 공간이 된다.

법당 앞마당에는 탑이 있다. 이 탑의 기능에 대해서는 앞에서 이미 말했기 때문에 여기서는 생략한다. 아울러 법당에 관한 이야기도 이미 언급됐으니 생략하기로 한다. 법당 앞에는 괘불(掛佛), 즉 붓다를 그린 큰 그림을 걸어놓을 수 있는 장치가 있는 경우가 많다. 이것은 두 개의 돌로 되어 있는데 모습이 흡사 당간지주와 닮아 혼동을 하는 경우가 간혹 있다. 이것은 큰 법회 때 붓다 그림을 걸어놓고 대중들로 하여금 예불을 드리게 하기 위해 만든 것이다. 원래 법당에는 아무나 들어갈 수 있는 것이 아니다. 신분이 높은 사람들만 들어갈 수 있었던 것이다. 따라서 큰 행사를 할 때 몰려오는 보통 사람들을 위해 이렇게 붓다의 그림을 걸어놓고 법회를 했던 것이다.

절의 핵심 영역인 이곳에는 많은 건물들이 있다. 우선 중요한 게 있다면 명부전이나 삼성각(산신각) 같은 건물인데 명부전에서는 죽은 사람들을 천도하는 의식이 베풀어진다. 그래서 이 건물에는 보통 지옥에 상주하는 지장보살을 모시는 경우가 많다. 아울러 죽은 사람들을 심판한다고 하는 열 명의 왕(시왕, 十王)이 지장을 보좌하고 있다. 이 시왕은 인도적이기보다 중국의 도교에서 파생된 신앙이라고 하겠다. 반면에 삼성각 혹은 산신각에는 한국적인 요소가 눈에 띈다. 여기

당간지주 부석사, 통일신라시대, 이창호 사진

운판

목어

에 모셔져 있는 칠성은 도교적이면서 한국의 민간 신앙과도 관계가 깊지만 산신은 완전히 한국 일색이다. 인자하게 생긴 할아버지가 호랑이(그리고 동자)를 데리고 있으면 그것은 틀림없는 산신이다.

이렇게 불교와 직접적인 관계가 없는 민간 신앙적인 건물이 절 안에 생긴 것은 조선조 때 박해를 받던 불교가 살아남기 위해 민간 신앙을 끌어들인 것이라고 하는데 그 정확한 진상은 알 수가 없다. 불교는 워낙 포용적인 교리를 갖고 있어 다른 종교의 것을 차용하는 데에 별 문제가 없었을 것이다. 그 외에도 나한전 같은 건물이 있는데 이에 대해서는 앞에서 간략하게 설명을 했다. 그러나 부속 건물 가운데 빼놓을 수 없는 게 있다면 범종루(梵鐘樓)가 있겠다. 범종루는 물론 종을 걸어놓은 집을 말한다.

그런데 여기에는 종 말고도 세 가지 물건이 더 있는 경우가 있는데 이것은 종을 포함해서 이른바 불교의 사물(四物)이라 불린다. 그중에 종이 으뜸이고 그 옆에는 큰 북이 있다. 그리고 목어(木魚)라고 해서 물고기 모양을 한 나무 조각이 있는데 배가 비어 있기 때문에 막대기로 그 안을 친다. 아울러 운판(雲版)이라고 해서 구름의 모습을 본딴 금속판이 있는데 이것은 그냥 겉을 쳐서 소리를 낸다. 이것을 쳐서 소리를 내는 것은 뭍에 사는 생명이나 하늘에 사는 생명체들과 같이 전 우주에 사는 생명들이 이 소리를 듣고 깨달음에 조금이라도 가까이 가라는 크나큰 자비의 정신에서 나온 것이다. 이런 건물 외에 물론 승려들의 생활 공간인 승방도 있지만 여기에 대해서는 설명할 필요가 없을 것 같아 생략한다. 이 정도면 한국의 절에 대해서 대강 본 것이 된다. 우리는 이 과정을 통해 한국의 불교 문화가 중국이나 일본과 분명히 다르다는 것을 확인할 수 있었다.

## 글을 마치며

이렇게 해서 '한국인들에게 불교는 무엇일까' 라는 주제를 갖고 탐구한 순례 여행이 끝이 났다. 우리는 이 순례 속에서 불교가 한국의 문화 속에서 얼마나 큰 자리를 차지하고 있는지 알 수 있었다. 중국인들이 불교가 외래 종교였음에도 불구하고 자신들의 전통 속으로 완전히 녹여냈던 것처럼 한국인들도 불교를 받아들여 자신들만의 독특한 취향으로 고유의 불교 문화를 만들어냈다. 그래서 한국인들에게 불교는 더 이상 외래 종교가 아니라 마치 자생 종교처럼 정착하게 된다.

그럴 수밖에 없는 것이 한국에는 명산대찰(名山大刹)이란 말이 있듯이 이름난 아름다운 산에는 반드시 큰 절이 있어 절과 불교를 일상생활 속에서 언제든지 느낄 수 있었기 때문이다. 한국은 유달리 아름다운 자연을 갖고 있는데 그 아름다운 자연 속에는 1,600년의 역사와 전통이 묻어 있는 불교의 사찰이 안겨 있다. 절이 없는 한국의 산수라는 것은 상상하기조차 힘든 일이다. 그만큼 불교는 한국인들에게 생활 자체가 되어 버렸기 때문이다.

현재 한국 불교는 오랜 잠에서 깨어나 새로운 도약을 준비하고 있다. 한국 불교도들은 자신들의 전통에 새롭게 눈 뜨고 있는데 요즘 빈번하게 실행되고 있는 템플 스테이 프로그램이 그런 예라 하겠다. 이

전에는 승려들이 절에 앉아 '오는 사람 막지 않고 가는 사람 잡지 않는다'는 식의 소극적인 태도로 주위의 사람들을 대했는데 이제는 적극적으로 사람들에게 다가가고 있는 것이다. 그럼에도 불구하고 한국 불교는 아직 선교에서 그다지 성공한 것 같지 않다. 2006년 중반에 통계청에서는 여러 가지 통계 자료를 발표했는데 그중에는 각 종교 신자의 증가율이 있었다. 이 결과를 두고 불교도들은 작은 충격에 빠졌는데 그들의 믿음과는 달리 지난 몇 년 간 불교 신자가 별로 증가하지 않았기 때문이다. 반면에 천주교 경우에는 40% 이상 성장하는 괄목할 만한 증가를 보였다(개신교는 미약하지만 드디어 하향 곡선을 그리기 시작했다).

이를 두고 불교 내에서 많은 의견이 교환됐지만 이것은 충분히 예측할 만한 일이었다. 이 현상에 대한 이유를 찾는다면 아마도 불교가 지나치게 승려 중심으로 되어 있어 신자들에 대한 서비스가 잘 이루어지지 않고 있는 데에서 찾아야 할 것이다. 비근한 예로 천주교의 경우를 보면 신자들에 대한 서비스가 특히 상례(喪禮)를 중심으로 매우 발달되어 있는 것을 알 수 있다. 그에 비해 사찰에서는 신자들을 위해 법회를 열고 여러 가지 목적으로 불공을 드려 주는 것 외에는 별 서비스가 보이지 않는다.

이러한 일들은 아마도 한국 불교가 아직도 근대화를 제대로 수행하지 못한 데에서 비롯되었다고 생각된다. 이는 한국 불교의 승려들이나 신도들의 학력에서도 드러난다. 특히 개신교와 비교해 볼 때 한국 불교도들의 학력은 현저하게 뒤떨어지는 것으로 나타나 있다. 물론 불교도들도 자신들의 종교를 개혁하기 위해 나름대로의 노력을 기울이고 있다. 그러나 그 속도는 그리 괄목할 만한 것 같지 않다. 현재 한국 불교계에서 일어나는 현상 중에 이전과 크게 다른 것이 있다면 재가 신도 단체들이 속속 결성되고 그 단체들이 불교계에서 목소리를 내기 시작했다는 것이다. 이것은 기존의 승려 중심의 불교를 탈피해서 신도들과 승려 사이의 균형을 잡으려는 시도로 보인다. 아울러 이것은 붓다 재세 당시의 교단 모습으로 돌아간다고도 할 수 있다. 붓다 당시에 승려들과 신도들은 비슷한 비중으로 교단 일에 참여했다. 한국 불교도들은 내적인 개혁을 위해 다시 붓다 당시의 불교를 거울삼아 움직이고 있는 것이다. 그럼에도 불구하고 여전히 한국 불교의 개혁 속도는 너무 느리지 않는가 하는 노파심이 있지만 스스로를 쇄신하기 위해 분명히 전진하고 있는 것으로 보인다.

마지막으로 내가 극히 최근(2006)에 겪은 일을 소개하면서 이 책을 끝내야겠다. 이 일에 한국 불교가 당면하고 있는 문제가 집약적으로 들어 있다는 느낌이 들었기 때문이다. 여름방학에 나는 영어로 한국 문화를 강의하는 과목을 맡게 되었다. 문화와 종교에 대한 강의는 항상 인기가 없는지라 이번에도 총 6명이라는 적은 인원이 들어왔는데 그중에 미국 학생은 단 한 명이었고 나머지는 미국에 유학 간 1.5세나 미국에서 태어난 2세들이었다. 강의는 한국의 종교에 관한 것이었기 때문에 불교에 대한 강의가 빠질 수 없었다

불교를 강의하면서 놀랐던 것은 미국 학생은 불교에 대해 비교적 소상하게 알고 있는 데 비해 한국 학생들은 아무 지식도 없었다는 사실이었다. 미국 학생의 고향은 동양 사상이 비교적 잘 알려져 있는 동부나 서부가 아닌 중부에 있는 그리 크지 않은 도시였다. 그런데도 그는 나름대로 대학에서 불교를 공부한 것이다. 그런데 불교 1,600년의 역사를 자랑한다는 한국이라는 나라에 근원을 둔 학생들은 불교에 대

해 거의 문외한이었다. 이 학생들이 미국에서 살기 때문에 이런 현상이 나왔다고도 할 수 있겠지만 한국에 사는 학생들이라고 해서 상황이 그리 다른 것은 아니다. 한국의 대학생들도 불교에 대해 구체적인 지식을 갖고 있는 경우가 별로 없다.

예를 들어 내가 수업 시간에 만일 불교의 삼보(三寶)가 무엇이냐고 물어보면 대답을 할 수 있는 학생은 아무도 없다. 반면 앞에서 거론한 미국 학생은 같은 질문에 또렷하게 영어로 'Buddha, Dharma, Sangha(불법승)'라고 대답했다. 뿐만 아니라 선불교의 화두에 대해서도 그 학생은 비교적 정확히 알고 있었다. 불교가 진즉에 서구로 건너간 실상을 그 미국 학생을 통해 확인할 수 있었다. 그러나 불교가 서구로 갔다고 해서 한국인들은 이제 불교를 그만 신봉해도 된다는 것은 아니다. 한국인들 역시 자신들의 불교를 발전시키기 위해 노력을 해야 할 텐데 지금의 상황을 보면 불교마저 서구에 넘겨줘야 할 것처럼 보인다(아니 이미 넘겨주었는지도 모른다). 사실 만일에 서구에서 4번째 불교라고 불리는 '새 불교'가 제대로 정착이 되어 실제로 대승 · 소승 · 금강승에 이어 또 하나의 승(乘, 수레)이 생긴다면 그 불교가 한국으로 역수입될지도 모른다. 이런 제반 사태에 어떻게 대응할 것인지는 전적으로 한국의 불교도들에게 달렸다.

## 찾아보기

# 최 준 식

서강대 사학과 졸업
미국 템플대 종교학과 대학원 졸업(종교학 박사)
현재 이화여자대학교 한국학과 교수
(사)한국문화표현단 이사장, 한국죽음학회 회장

**저서**

『한국인에게 문화는 있는가』 (1997)
『한국인은 왜 틀을 거부하는가』 (2002)
『한국의 종교 문화로 읽는다 1, 2, 3.』 (2002)
『종교를 넘어선 종교』 (2005)
『Soul in Seoul』 (2005)
『죽음, 또 하나의 세계』 (2006)
『한국인을 춤추게 하라』 (2007)

**공저**

『한국 문화와 한국인』 (1999)
『유네스코가 보호하는 우리 문화재 열두 가지』 (2002)

**편저**

『개벽시대를 여는 사람들』 (1998)

**역서**

『도교란 무엇인가』 (1990)
『종교심리학』 (상 · 하, 1993)
『사후생』 (2002)

**논문**

『한국인의 생사관–전통적 이해와 새로운 해석』
『조상 숭배가 전통 사회에서 갖는 두세 가지 의미에 대해』
『재고해 보는 근사 체험과 그 종교적 의미』

이화여자대학교출판부 기획 시리즈

## '우리 문화의 뿌리를 찾아서'

1. 한국사 입문 신형식 지음
2. 전통 한복의 멋-노리개 이경자 지음
3. 한국의 지붕 · 선 임석재 지음
4. 한국의 창 · 문 임석재 지음
5. 한국의 돌 · 담 · 길 임석재 지음
6. 한국의 전통 공간 임석재 지음
7. 한국의 꽃살 · 기둥 · 누각 임석재 지음
8. 우리춤 김말복 지음
9. 한국 고전여성작가의 시세계 이혜순 지음
10. 한국의 탈춤 조동일 지음
11. 한국의 전통 교육 최완기 지음
12. 한국의 풍속 : 민간 신앙 최준식 지음
13. 한국의 전통 사회 : 화폐 원유한 지음
14. 한국의 전통 공예 : 도기 나선화 지음
15. 한국의 전통 선박-한선(韓船) 최완기 지음
16. 한국의 여행 문학 김태준 지음
17. 한국의 전통 사회 : 시장 정승모 지음
18. 한국의 전통 공예 : 소반 배만실 지음
19. 조선 상류 주택의 내부 공간과 가구 최상헌 지음
20. 한국의 전통 사회 : 운송 기구 최운식 지음

### 근간

한국의 전통 과학 : 천문학 박창범 지음

한국의 전통 무예 : 18기 최복규 지음

한국의 풍속 : 잔치 윤서석 지음

한국의 풍속 : 김치 김숙희 지음

한국의 전통 사회 : 마을 오홍석 지음

한국의 종교 불교

**펴낸날** 1판 1쇄 2007년 6월 20일 _ **지은이** 최준식 _ **펴낸이** 최민숙 _ **펴낸곳** 이화여자대학교출판부
**주소** 서울특별시 서대문구 대현동 11-1 (120-750) _ **등록** 1954년 7월 6일 제9-61호
**전화** 02-3277-2965, 2966(편집부) 02-3277-3164, 362-6076(영업부) _ **팩스** 02-312-4312
**e-mail** press@ewha.ac.kr _ **인터넷서점** http://www.ewhapress.com
**편집 책임** 정경임 _ **디자인** GNA Communications _ **찍은곳** (주)백산인쇄

값 12,000원 
ISBN 978-89-7300-743-1 04220
ISBN 978-89-7300-602-9 (세트)

* 잘못된 책은 바꾸어 드립니다.